MEDICINA LEGAL PARA O ACADÊMICO DE DIREITO

LEONARDO MENDES CARDOSO

Presidente da Comissão Técnico-Científica da Associação Brasileira de Medicina Legal e Perícias Médicas – ABMLPM (2008-2010). Membro efetivo da ABMLPM. Full Member of International Academy of Legal Medicine. Médico Especialista em Medicina Legal e Perícias Médicas – ABMLPM. Professor de Medicina Legal, Psiquiatria para o Direito e Biodireito – UFG. Professor de Medicina Legal para o Direito – Universidade Salgado de Oliveira / Câmpus Goiânia. Mestre em Ciências da Religião – Pontifícia Universidade Católica de Goiás. Perito Médico Judicial – TRF1 – Doutorando em Análise Comportamental – Psicologia PUC Goiás.

MEDICINA LEGAL PARA O ACADÊMICO DE DIREITO

4ª EDIÇÃO

REVISTA, ATUALIZADA E AMPLIADA

Belo Horizonte
2016

Copyright © 2016 Editora Del Rey Ltda.

Nenhuma parte deste livro poderá ser reproduzida, sejam quais forem os meios empregados, sem a permissão, por escrito, da Editora.
Impresso no Brasil | Printed in Brazil

EDITORA DEL REY LTDA.
www.livrariadelrey.com.br

Editor: Arnaldo Oliveira

Editor Adjunto: Ricardo A. Malheiros Fiuza

Editora Assistente: Waneska Diniz

Coordenação Editorial: Wendell Campos Borges

Diagramação: Lucila Pangracio Azevedo

Revisão: RESPONSABILIDADE DO AUTOR

Capa: CYB Comunicação

Editora / MG
Rua dos Goitacazes, 71 – Sala 709-C – Centro
Belo Horizonte – MG – CEP 30190-050
Tel: (31) 3284-5845
editora@delreyonline.com.br

Conselho Editorial:
Alice de Souza Birchal
Antônio Augusto Cançado Trindade
Antonio Augusto Junho Anastasia
Antônio Pereira Gaio Júnior
Aroldo Plínio Gonçalves
Carlos Alberto Penna R. de Carvalho
Celso de Magalhães Pinto
Dalmar Pimenta
Edelberto Augusto Gomes Lima
Edésio Fernandes
Felipe Martins Pinto
Fernando Gonzaga Jayme
Hermes Vilchez Guerrero
José Adércio Leite Sampaio
José Edgard Penna Amorim Pereira
Luiz Guilherme da Costa Wagner Junior
Misabel Abreu Machado Derzi
Plínio Salgado
Rénan Kfuri Lopes
Rodrigo da Cunha Pereira
Sérgio Lellis Santiago

C268

Cardoso, Leonardo Mendes.
    Medicina legal para o acadêmico de direito / Leonardo Mendes Cardoso. – 4. ed., rev., ampl. e atual. Belo Horizonte: Del Rey, 2016.
    208 p.
    ISBN 978-85-384-0417-0
    1. Medicina Legal. 2. Direito e medicina. I. Título
                                        CDD: 340.7
                                        CDU: 340.6

Dedico esta quarta edição – revista, ampliada e atualizada –
aos meus colegas de profissão e amigos
Rafael Hass da Silva,
Gerson Odilon Pereira
e à amiga Paula Pereira da Silva Gordo.
Com eles tenho dividido inúmeras e maravilhosas experiências de vida.

Agradecimentos especiais:

Aos colegas professores da Universidade Salgado de Oliveira – Câmpus Goiânia e da Faculdade de Direito da Universidade Federal de Goiás.

Aos meus alunos do Direito que muito contribuem com suas críticas e sugestões capazes de promoverem o aperfeiçoamento constante desta obra.

A todos o meu gesto de gratidão.

SUMÁRIO

PREFÁCIO xv

INTRODUÇÃO 1

CAPÍTULO 1 – CONCEITOS E IMPORTÂNCIA 3
1. MEDICINA LEGAL 3
2. SINONÍMIA 4
3. ACERCA DA ESPECIALIZAÇÃO 4
4. RELAÇÃO COM AS DEMAIS ÁREAS DO DIREITO 5
5. DA IMPORTÂNCIA DE SEU ENSINO NAS FACULDADES
   DE DIREITO 6
6. DA SUA DIVISÃO DIDÁTICA 6
7. ACERCA DO INSTITUTO MÉDICO LEGAL (IML) 8
8. PERÍCIAS 9
8.1 Quem solicita? 10
8.2 Sobre quem ou sobre o quê são realizadas? 10
8.3 O local do crime 11
8.4 Quem realiza as perícias? 11
8.5 Limites de ação 13
8.6 Prazos 13
8.7 Tipos de perícia 14
8.8 Perícias contraditórias 14
8.9 Conduta do juiz perante os laudos contraditórios 15

CAPÍTULO 2 – DOCUMENTOS MÉDICO-LEGAIS 17
1. ATESTADOS 17
2. DECLARAÇÃO DE ÓBITO 20

ix

3. RELATÓRIOS MÉDICO-LEGAIS 21
4. PARECER MÉDICO-LEGAL 25

CAPÍTULO 3 – ANTROPOLOGIA FORENSE 27
1. IDENTIDADE MÉDICO-LEGAL 27
2. IDENTIDADE POLICIAL OU JUDICIÁRIA 31

CAPÍTULO 4 – TRAUMATOLOGIA FORENSE 33
1. QUANTO À CLASSIFICAÇÃO DAS LESÕES 34
2. QUANTO À NATUREZA DOS TRAUMAS 40

2.1 Traumas de natureza mecânica e as lesões decorrentes destes 41

2.2 Traumas de natureza física e as lesões decorrentes destes 55

2.3 Traumas de natureza química e as lesões decorrentes destes 59

2.4 Traumas de natureza físico-química e as lesões decorrentes destes 61

2.5 Traumas de natureza bioquímica e as lesões decorrentes destes 63

2.6 Traumas de natureza biodinâmica e as lesões decorrentes destes 64

2.7 Traumas de natureza mista e as lesões decorrentes destes 65

3. BREVE COMENTÁRIO ACERCA DA LEI MARIA DA PENHA ... 66

CAPÍTULO 5 – SEXOLOGIA FORENSE 69
1. ACERCA DOS TRANSTORNOS E DAS PERVERSÕES DA
SEXUALIDADE 70
2. ACERCA DOS CRIMES DE SEDUÇÃO 75
3. ACERCA DOS CRIMES CONTRA A DIGNIDADE SEXUAL .. 76
4. ACERCA DOS CRIMES DE POSSE SEXUAL MEDIANTE
FRAUDE 78
5. CRIMES SEXUAIS CONTRA VULNERÁVEIS 78
6. MAIS ACERCA DAS REFORMAS DO CÓDIGO PENAL 78

6.1 Sequestro e Cárcere Privado (art. 148 do CP) 79

6.2 Violação Sexual mediante Fraude (art. 215 do CP) 79

6.3 Assédio sexual (Incluído pela Lei 10.224, de 15 de maio de 2001) 80

6.4 Corrupção de menores (art. 218 do CP) 80

6.5 Satisfação de lascívia mediante presença de criança ou adolescente (art. 218-A do CP) 81

6.6 Favorecimento da prostituição ou outra forma de exploração sexual de vulnerável (art. 218-B do CP) 81

6.7 Aumento de pena previsto nos capítulos I e II do Título VI – Dos crimes contra a dignidade sexual (art. 226 do CP) 81

6.8 Mediação para satisfazer a lascívia de outrem (art. 227 do CP) 81

6.9 Tráfico Internacional de Pessoas (art. 231 do CP) 82

6.10 As revogações dos incisos VII e VIII do art. 107, e dos arts. 217, 219, 220, 221, 222 e 240 do Código Penal 82

7. ACERCA DA TRANSEXUALIDADE E DA TRANSGENI-TALIZAÇÃO *83*

CAPÍTULO 6 – TANATOLOGIA FORENSE 85

1. DOS SINAIS DE CERTEZA DE MORTE 86

2. DOS FENÔMENOS ABIÓTICOS CONSECUTIVOS 88

3. DOS FENÔMENOS TRANSFORMATIVOS DO CADÁVER 90

4. ACERCA DO TEMPO ESTIMADO DE MORTE (CRONOTANATOGNOSE) 94

5. DA RELAÇÃO ENTRE AS MORTES DE DOIS OU MAIS INDIVÍDUOS EM UM EVENTO SIMULTÂNEO 96

6. ACERCA DA FAUNA CADAVÉRICA 96

7. ALGUNS TERMOS BÁSICOS 97

CAPÍTULO 7 – PSICOPATOLOGIA FORENSE 99

1. IMPUTABILIDADE PENAL 99

2. RESPONSABILIDADE PENAL 100

3. CAPACIDADE CIVIL 100

4. ALIENAÇÃO MENTAL 101

5. DESENVOLVIMENTO MENTAL INCOMPLETO 101

6. DESENVOLVIMENTO MENTAL RETARDADO 102

7. DOENTES MENTAIS (PSICÓTICOS) 102

8. PERTURBADOS MENTAIS (PSICOPATAS) 102

9. DELÍRIOS 102

10. ALUCINAÇÃO 103

11. ILUSÃO 103

12. ACERCA DAS EMOÇÕES E DAS PAIXÕES 103

13. QUAL A DIFERENÇA ENTRE "ATENUANTE" E "CAUSA DE DIMINUIÇÃO DA PENA"? 105

14. ACERCA DOS ESTADOS DE EMBRIAGUEZ ALCOÓLICA E ALCOOLISMO 107

15. DAS DROGADIÇÕES E DE SUAS IMPLICAÇÕES LEGAIS 108

16. ACERCA DAS OLIGOFRENIAS 109

17. ACERCA DOS DOENTES MENTAIS 110

17.1 Epilepsia 111

17.2 Esquizofrenia 111

17.3 Transtorno Bipolar do Humor (TBH) 113

18. ACERCA DAS PERTURBAÇÕES MENTAIS 113

CAPÍTULO 8 – DO VALOR DAS PROVAS 117

1. PROVAS VERBAIS 117

2. ACAREAÇÃO 118

3. PROVAS ESCRITAS 118

4. PROVAS POR PRESUNÇÃO 118

5. TESTEMUNHOS 118

6. INDÍCIOS 119

7. DEPOIMENTOS DE CRIANÇAS 119

8. DEPOIMENTOS DE IDOSOS 119

CAPÍTULO 9 – DO EXERCÍCIO DA MEDICINA 121

CAPÍTULO 10 – DOS ABORTAMENTOS 125

1. ABORTAMENTO TERAPÊUTICO 125

2. ABORTAMENTO SENTIMENTAL... 126

3. ABORTAMENTO EUGÊNICO 126

4. ABORTAMENTO SOCIAL 127

5. ABORTAMENTO POR MOTIVO DE HONRA 127

CAPÍTULO 11 – DOS ASPECTOS MÉDICO-LEGAIS DO CASAMENTO, SEPARAÇÃO E DIVÓRCIO 129

1. IMPEDIMENTOS DIRIMENTES PÚBLICOS...................... 129

2. IMPEDIMENTOS DIRIMENTES PRIVADOS 130

3. IMPEDIMENTOS PROIBITIVOS... 130

CAPÍTULO 12 – BREVE RELATO ACERCA DA VITIMOLOGIA... 133

CAPÍTULO 13 – ACERCA DE ALGUNS TERMOS QUE PODEM GERAR CONFUSÕES 137

CAPÍTULO 14 – LAUDO DE EXAME CADAVÉRICO: UMA LEITURA ANALÍTICO-CRÍTICA 143

1. ASPECTOS LEGAIS 144

2. ACERCA DA ATUAÇÃO PERICIAL 150

3. RELATÓRIOS MÉDICO-LEGAIS... 152

4. EXPOSIÇÃO DOCUMENTAL PARA ANÁLISE 157

5. DA ANÁLISE DOCUMENTAL.. 164

6. ACERCA DAS QUESITAÇÕES... 172

7. DISCUSSÃO DOS ACHADOS NA ANÁLISE DO LAUDO..... 176

8. CONCLUSÃO 178

CAPÍTULO 15 – COMENTÁRIOS E CONSIDERAÇÕES FINAIS... 181

CAPÍTULO 16 – EXERCÍCIOS PROPOSTOS PARA FIXAÇÃO DE CONTEÚDO 183

CASO 1 183

CASO 2 184

CASO 3 185

CASO 4 185

CASO 5 186

CASO 6 186

CASO 7 187

CASO 8 187

CASO 9 188

CASO 10 189

CASO 11 189

REFERÊNCIAS 191

PREFÁCIO

Ao elaborar um livro destinado aos estudantes de Direito que enfoca a Medicina Legal, Dr. Leonardo Mendes soma técnica, ética e arte na busca de um diálogo entre estas ciências e seus operadores. Lança mão do conhecimento e experiência adquiridos ao longo de sua vida acadêmica e profissional, e prova que é possível estabelecer uma conexão que permita um caminho comum. Longe de considerá-lo como acabado, o entende como em construção e o aprimora não apenas com as atualizações temporais necessárias, mas também com o que observa e recebe de sugestões das pessoas que o utilizam assim como de seus alunos, como bom professor, e, neste momento, apresenta sua quarta edição. Agradeço de coração a oportunidade de prefaciá-la.

Sua contribuição para alicerçar a boa prática, na defesa do rigor e da clareza terminológica, em linguagem simples e acessível, é incontestável. Representa, acima de tudo, um incentivo a que todos continuemos na busca pelo aprimoramento, e em suas palavras de autor: *"Cremos que não exista a perfeição e que ela seja utópica. No entanto, ser excelente é tentar buscar esta perfeição dentro dos limites possíveis, alcançando o melhor que pudermos por meio de todos os esforços e recursos disponíveis. Portanto, em termos periciais o padrão esperado deve ser sempre o da excelência."*

Ao perseguir a excelência, objetivando a perfeição, desejo uma ótima leitura e que seu conteúdo possa ser útil no processo de aprendizagem e na rotina de trabalho de cada um.

ANA LÚCIA FIGUEIREDO MOTA

Médica graduada pela Universidade Federal Fluminense – UFF,
com residência em Medicina Preventiva e Social – UFF, especialista em
Saúde do Trabalhador e Ecologia Humana – CESTEH-FIOCRUZ e
em Perícias Médicas e Medicina Legal – ABMLPM e atua como perita
médica previdenciária – INSS – em Santa Catarina.

INTRODUÇÃO

Tenho, por repetidas vezes, entoado meu mantra: "Quanto mais estudo, mais sei que nada sei!" E, igualmente, tenho clamado aos meus alunos que se disponham sempre ao exercício da humildade científica. Só assim poderemos alcançar melhores e mais dignos resultados no campo do Direito, da Medicina Legal e das ações humanas em geral. Esta obra, em sua quarta edição, é fruto deste olhar sempre atento em busca de possíveis falhas que possam ter sido cometidas nas edições anteriores e isto tende a fazê-la cada vez menos comprometida por equívocos científicos.

Chamo, como sempre, a atenção para a necessidade da contextualização nas análises feitas a partir da leitura dos dados aqui dispostos, bem como a partir da leitura de documentos médico-legais com os quais se venha a ter contato profissional. Também não é de se esquecer que este trabalho se resume tão somente aos aspectos do foro criminal e que a Medicina Legal não se resume a ele, alcançando o Direito em todas as suas esferas (Cível, Trabalhista, Previdenciária, Desportiva etc.) que dela venham a necessitar para o deslinde das causas, dinâmicas, autorias e demais fatos obscuros que careçam de uma luz científica.

Sempre que necessário e possível, precisaremos nos valer dos socorros imprescindíveis das demais áreas do conhecimento humano para um entrelaçamento com os saberes da ciência médico-legal. Desta forma, a Antropologia Forense, a Balística Forense, a Psicologia Forense e tantas outras disciplinas nos fornecerão subsídios para as nossas ações, evitando-se comprometimentos dos resultados obtidos a partir de nossas análises.

Sigamos, portanto, nossos estudos com o olhar voltado para a percepção de todas as possibilidades. Com seriedade, engajamento e disposição, poderemos não resolver todos os problemas que nos forem propostos, mas pelo menos teremos cumprido nossos papeis de "buscadores" da verdade real dos fatos, evitando-se as injustiças que tanto abalam as mentes e as almas dos homens sérios.

Capítulo 1

CONCEITOS E IMPORTÂNCIA

1. MEDICINA LEGAL

É a ciência médica aplicada ao Direito, tratando-se, portanto, do emprego de técnicas e procedimentos científicos médicos e afins para a elucidação de casos do interesse da Justiça nesta área. Mais atualmente a tendência nos tem mostrado, no entanto, que os aspectos sociais envolvidos nas questões sob a análise dos peritos médico-legais não podem ser relegados a um segundo plano ou, pior ainda, ao esquecimento. Desta forma, os estudos desta disciplina têm exigido um maior comprometimento dos profissionais especialistas e isto tem servido de alerta para os "operadores do Direito" no sentido de buscarem o auxílio daqueles que verdadeiramente são *experts* no assunto. Já se foi o tempo em que o amadorismo se fazia aceitar no âmbito da Medicina Legal, em todas as suas subespecialidades.

Acerca da Medicina Legal, várias outras conceituações existem e não diferem muito da essência daquela inicialmente apresentada. O importante é frisar que se trata do uso de técnicas e procedimentos médicos ou afins a serviço e mediante solicitação da Justiça. Vale lembrar, com base no exposto, que a esta área do conhecimento não se aterá apenas ao estudo de cadáveres (Tanatologia Forense), mas estenderá seu interesse por outros campos, envolvendo também o ser humano ainda em vida. Muito menos atenderá apenas às solicitações dos Institutos Médico-Legais ou das esferas penal e criminal. É muito comum que os acadêmicos de Direito, ao serem indagados acerca da Medicina Legal, façam tal confusão, crendo-a tão somente como meio de investigação da morte, de seus eventos e de suas causas. Ou mesmo de ações voltadas para a elucidação de crimes de lesão corporal. Aliás, a morte, com seus fenômenos e eventos, assim como as lesões corporais, é tão somente uma pequena parte quando comparada com tantos outros temas abordados pela Medicina Legal.

2. SINONÍMIA

Diversas outras denominações podem ser encontradas para designar o mesmo termo "Medicina Legal": Medicina Judiciária, Medicina Forense, Jurisprudência Médica, Medicina Pericial, entre tantas outras. Em nosso meio, o termo mais comumente utilizado e que expressa satisfatoriamente tal disciplina é mesmo o de Medicina Legal, não havendo porque não fazer uso desta expressão corrente.

Por outro lado, é sempre bom lembrar que a Medicina Legal, sendo a Medicina a serviço da Justiça, alcança todas as áreas do Direito que dela podem se servir, a exemplo da Previdenciária, Cível, Trabalhista, de Tráfego, Comercial, Securitária...

3. ACERCA DA ESPECIALIZAÇÃO

No Brasil, até há pouco tempo, não havia a necessidade da especialização em Medicina Legal para o seu exercício. No entanto, algumas universidades vêm oferecendo tal pós-graduação e isto tende a mudar o panorama até então instalado. Ainda podemos encontrar alguns não especialistas exercendo tal ofício, mas com o surgimento dos especialistas em número suficiente para suprir a demanda, como já deixamos bem claro acima, chegará um dia em que todos os peritos médicos serão obrigados a possuir o título de especialização nesta área, com consequente registro do mesmo no Conselho de Medicina do seu Estado.

Na realidade, todos os médicos-legistas, não nomeados, são peritos oficiais do Estado e, no Brasil, consegue-se ascender a esta especialidade por meio de concurso público. Existe a especialidade médica reconhecida pela Associação Médica Brasileira (AMB), bem como pela Associação Brasileira de Medicina Legal e Perícias Médicas (ABMLPM), com o fito de validar este processo, sendo que a cada 2 anos realiza-se o Congresso Brasileiro da especialidade, momento no qual se aplicam as provas para obtenção de título de especialista em Medicina Legal e Perícias Médicas pela ABMLPM. Assim, hoje, temos no Brasil vários médicos legistas com título de especialistas. Também, hoje, podemos contar com a residência médica em Medicina Legal, como no Estado de São Paulo (USP), assim como o Mestrado em Ciências Forenses pela Universidade de Pernambuco, por exemplo, o que representa grande avanço para a especialidade. Mais informações acerca dos especialistas e da especialidade em pauta podem ser encontradas no site da ABMLPM <www.abmlpm.org.br>.

Atualmente consolidada, a fusão entre as Associação Brasileira de Medicina Legal (ABML) e a Sociedade Brasileira de Perícias Médicas (SBPM) ocorreu em 2010 no Congresso Brasileiro de Medicina Legal em Cuiabá-MT, quando as negociações, enfim, resultaram na união de todas as especialidades médico-legais sob o manto de uma entidade única. Esta entidade, mais do que uma organização da classe, tem por finalidade a validação científica dos atos periciais e a comprovação do real grau de saber técnico-científico de seus membros, sobretudo os por ela titulados.

Ressaltamos, novamente, que nem só os legistas (médicos peritos lotados nos IMLs) são especialistas em Medicina Legal, devendo-se incluir nesta lista os peritos previdenciários, do Trabalho, assim como todos os demais, a exemplo daqueles louvados dos Juízos e que atendem aos diversos ramos de interesse jurídico.

4. RELAÇÃO COM AS DEMAIS ÁREAS DO DIREITO

Sabemos que a área jurídica encontra-se dividida em diversas outras, tais como Penal, Civil, Trabalhista, Constitucional etc. Pois bem, a Medicina Legal permeia todas elas, servindo-as, com a intenção de dirimir-lhes as dúvidas e fornecer-lhes as provas da materialidade dos delitos ou ilícitos e das infrações que porventura venham a ser cometidos. Só a título de exemplo, no Direito Comercial e do Consumidor ela servirá como forma de responder acerca dos produtos alimentares ou farmacêuticos que possam ter sido adulterados e que, por causa disso, possam ter provocado perdas e danos aos seus consumidores; no Direito Desportivo temos a questão do *doping*. No Direito Trabalhista temos a questão dos acidentes de trabalho... E assim por diante.

5. DA IMPORTÂNCIA DE SEU ENSINO NAS FACULDADES DE DIREITO

É ela uma disciplina não exclusiva do Direito – é ensinada também nas Faculdades de Medicina –, capaz de funcionar como elo entre as ciências jurídicas e as ciências biológicas. Dela são extraídos todos os conhecimentos médicos e paramédicos necessários à elucidação de casos que requeiram tais saberes. As sociopatias, a determinação ou negação da paternidade, o reconhecimento de corpos, os casos de envenenamento... Enfim, o homem, em sua natureza física, psíquica e social, será alvo dos estudos desta cadeira, com a função de prover as ciências jurídicas com informações concretas acerca dos fatos de seu interesse.

A Associação Brasileira de Medicina Legal e Perícias Médicas tenta tornar obrigatória a disciplina de Medicina Legal em todas as faculdades de Direito, por meio de ações junto à Ordem dos Advogados do Brasil (OAB), uma vez que entende serem os seus conhecimentos indispensáveis ao exercício jurídico. Isso apenas permitiria o retorno à situação anterior, em que a referida disciplina caracterizava-se como matéria obrigatória e não optativa, como adotada atualmente em algumas faculdades. Por outro lado, é matéria obrigatoriamente cobrada nos concursos para Delegados de Polícia, tanto Civil quanto Federal.

No entanto, o que ainda se vê é a resistência das Faculdades de Direito em torná-la matéria obrigatória, uma vez que isso gera custos e aumento de carga horária em grades curriculares que tendem a privilegiar os demais conhecimentos próprios do Direito. Parece-nos que também existe a sobreposição do desconhecimento de causa quanto à importância e extensão dos saberes médico-legais por parte dos coordenadores de cursos jurídicos e isto tem sido fator impeditivo da efetivação desta medida.

Daí, cria-se um vácuo científico que acaba por necessitar de remendos que possam supri-lo. Exemplo disto é a adoção da disciplina de Medicina Legal nas Escolas Superiores de Magistratura, como forma de permitir que os Juízes recém-ingressados na carreira tenham acesso àquilo que deveria fazer parte de suas vidas acadêmicas ainda na graduação.

6. DA SUA DIVISÃO DIDÁTICA

Mesmo dentro da área criminal, que em si já é uma parte – tanto da área médica quanto da área jurídica –, permite-se ainda mais a sua subdivisão, tão importante e extenso é o seu terreno de cobertura. Esta obra tem foco neste ponto de interesse, o penal, tendo em vista a sua necessidade relativa aos já mencionados concursos e ao destaque da mesma dentro das faculdades de Direito. Desta forma, vejamos como tal disciplina é didaticamente subdividida:

a) Antropologia Forense: preocupa-se com a identidade, identificação e todos os procedimentos e métodos aplicados no sentido de cumprir tal missão;

b) Traumatologia Forense: importa-se com o estudo das causas (traumas) e das suas consequências (lesões), provocadas a partir do emprego de determinados tipos de energia. Como veremos em capítulo específico, aqui serão estudados os meios vulnerantes e as consequências do emprego dos mesmos;

c) Sexologia Forense: estuda a sexualidade normal e a anormal, procurando correlacioná-las com a Criminologia e com as diversas doenças e perturbações da psique humana;

d) Asfixiologia Forense: estuda os mecanismos diversos da privação de oxigênio fornecido ao cérebro e demais tecidos do corpo humano, com a intenção de correlacioná-los com a morte ou com alterações deles decorrentes, no plano físico e/ou mental. Ênfase será dada aos casos de homicídio, suicídio, infortunística e acidentes;

e) Tanatologia Forense: aqui estudaremos a morte em seus diversos aspectos, buscando, sobretudo, desvendar-lhe a causa (por correlação com a traumatologia forense), tempo estimado de ocorrência e, em caso de morte violenta – com dolo ou culpa –, o possível autor (em correlação com a Criminologia);

f) Toxicologia Forense: estuda os diversos casos de intoxicação exógena (de causa externa), desvendando-os por meio do emprego de métodos laboratoriais, especialmente. As drogadições, o alcoolismo e os envenenamentos terão aqui o seu espaço;

g) Psicopatologia Forense: vale aqui ressaltar que dois ramos distintos cabem nesta conceituação – o da Psicologia Forense e o da Psiquiatria Forense. Seja como for, percebe-se um estreito relacionamento entre ambos, preocupando-se eles com o estudo do comportamento, da consciência e do equilíbrio mental dos seres humanos. Volição, afetividade, responsabilidade penal e capacidade civil serão alvo de estudos nesta parte da Medicina Legal, culminando com a determinação do grau de imputabilidade do sujeito;

h) Criminologia: cuidará dos crimes, no tocante às suas dinâmicas e gênese;

i) Vitimologia: bem claro, pelo próprio termo, que a vítima aqui será material de estudo. Mecanismos de defesa, colaborações (concorrência para o crime) e a análise racional de sua participação nos eventos delituosos terão prioridade neste capítulo;

j) Infortunística: os acidentes de trabalho serão matéria de estudo nesta parte, inclusive no que diz respeito à insalubridade das diversas ocupações profissionais.

7. ACERCA DO INSTITUTO MÉDICO LEGAL (IML)

O IML é o local onde são lotados os médicos-legistas oficiais e todo pessoal de apoio a estes, tais como os auxiliares de necropsia, papiloscopistas e fotógrafos policiais, por exemplo. Nesse local, é realizada boa parte dos procedimentos periciais e das anotações documentais pertinentes. No entanto, determinadas ações são desenvolvidas em campo, necessitando, portanto, de deslocamentos de pessoal. Até há pouco tempo, os IMLs eram subordinados à Polícia Civil de cada Estado, mas este panorama vem mudando com a desvinculação de tais institutos desses departamentos policiais. Com isso, os IMLs passam a ser órgãos técnicos à parte, dentro do contexto da Secretaria de Segurança Pública, por meio de uma Superintendência de Polícia Técnico-Científica, à qual são subordinados, ganhando com isso maior imparcialidade e autonomia em suas ações.

A autonomia das perícias é uma luta da Associação Brasileira de Criminalística, desde a década de 1970, sendo que a partir desta época dezessete estados brasileiros já conseguiram realizar tal feito. Em Goiás, por exemplo, tal autonomia foi decretada em 2003, estando atualmente o IML subordinado à Superintendência de Polícia Técnico-Científica Técnico-Científica, que por sua vez é subordinada diretamente à Secretaria de Segurança Pública.

Como se pode ter percebido até agora, esta obra não se incomodará com questões supérfluas ou que sejam de interesse restrito da Medicina e dos peritos que a exercem. Noções básicas dirigidas ao interesse dos futuros advogados configurarão o foco deste trabalho. Prepare-se, desde

CAPÍTULO I
CONCEITOS E IMPORTÂNCIA

9

então, para ir tecendo, em sua mente, um raciocínio lógico acerca dos casos concretos que possam chegar ao seu conhecimento, numa tentativa de já ir buscando compreender e interpretar os documentos originados a partir das perícias médico-legais.

De forma crítica, é oportuno chamarmos a atenção para o fato de que, em boa parte, nossos IMLs são mal aparelhados e contam com pessoal em número insuficiente para que as ações ali desenvolvidas sejam de fato producentes e com resultados que não permitam dúvidas técnicas, ou melhor, que se afastem ao máximo possível dos equívocos que possam vir a ocorrer. Mais ainda, não podemos nos esquecer de que os médicos legistas brasileiros – não em sua totalidade – são mal remunerados e não ganham para se dedicarem de forma exclusiva, gerando desmotivações até mesmo para que se reciclem de forma continuada. Com certeza isso irá fazer com que tais profissionais busquem se manter financeiramente por meio de atuações em outras especialidades e que, por isto, tenham a Medicina Legal como uma espécie de subemprego.

8. PERÍCIAS

Por perícia deve ser entendido todo procedimento técnico-científico – laboratorial, necroscópico, clínico, de exumação etc. –, realizado por pessoas qualificadas para tal e sob solicitação exclusiva da Justiça, visando esclarecer fatos, dirimir dúvidas e fornecer provas concretas da materialidade de um fato delituoso. Note-se bem que a premissa maior é a de que tudo isso esteja a interesse da Justiça! É isso que a torna Legal. Perícia médico-legal pode também ser denominada de diligência médico-legal.

O art. 158 do Código de Processo Penal (CPP) é bem claro ao afirmar que "Quando a infração deixar vestígios, será indispensável a realização de exame de corpo de delito, não o suprindo a confissão do acusado."

É preciso ainda, e com bastante ênfase, dizer que a perícia médico-legal é um ato médico e só realizável por profissional médico, uma vez que implica em anamnese, exame físico e todos os demais procedimentos médicos pertinentes. No entanto, esta regra também terá suas exceções, como nos casos de peritos não médicos, porém com formação universitária na área da saúde e que atuarão na falta ou na impossibilidade de ação dos médicos em localidades que não disponham de IML, ou mesmo onde os IMLs existam, mas haja necessidade de tal ação. Isso está bem disposto no Código de Processo Penal em seu art. 159.

8.1 Quem solicita?

A realização das perícias médico-legais é determinada sempre pela autoridade competente à frente do caso, o que vale dizer que quem as requer diretamente são os delegados, os juízes, as autoridades policiais encarregadas da sindicância ou mesmo uma autoridade militar de onde ocorreu o fato. Os advogados das partes interessadas nunca as determinam, podendo, no entanto, participar de forma indireta na solicitação de tal procedimento.

No curso de um processo judicial (seja ele civil, trabalhista ou penal) as partes podem requerer perícias. Este requerimento é dirigido ao juiz da causa. Também durante o inquérito policial, a vítima ou investigado/indiciado, por meio de seu advogado, pode requerer a realização de perícias, cabendo à autoridade policial determinar, ou não, tal ato (art. 14 do CPP). Os advogados das partes, portanto, não as requerem diretamente, mas as requerem indiretamente, ou seja, por meio da autoridade competente à frente do caso.

8.2 Sobre quem ou sobre o quê são realizadas?

Todo delito deixa vestígios de sua existência; caso não existam vestígios, é o mesmo que afirmar que não houve delito. As perícias são obrigatoriamente realizadas sobre esses vestígios e, na suposta ausência desses, devem buscá-los com exaustão, até que se esgotem todas as possibilidades. Na eventualidade de realmente não existirem ou de não serem encontrados, poderemos afirmar que não houve crime. Os vestígios compõem o corpo material do delito e, por isso, são chamados, em conjunto, de corpo de delito. Portanto, as perícias se realizam sobre todo o corpo de delito.

Atenção: nunca devemos confundir o corpo de delito com o corpo da vítima, o qual é uma das partes integrantes daquele. Antigamente o perito médico-legal era o responsável pela análise de todos os vestígios componentes do corpo de delito; atualmente há uma distinção nessa atuação, havendo os peritos criminais que lidam com vestígios tais como projéteis de arma de fogo, análise de impressões digitais, materiais diversos etc., e os peritos médico-legais (legistas) propriamente ditos, os quais se ocupam com o corpo da vítima e os vestígios nele deixados.

8.3 O local do crime

Como o local do crime (cenário) é onde geralmente se encontram os vestígios do fato ocorrido (cena), por lei deve ser preservado em sua totalidade (conferir o art. 169 CPP e seu parágrafo único), com a intenção de que não se perca uma só informação que seja acerca do que ali aconteceu. É, no entanto, comum em nosso meio, que as pessoas curiosas ou mesmo despreparadas alterem o local de um crime, fazendo com que as investigações sejam muito mais difíceis. Vale relembrar que a Medicina Legal não trabalha apenas com o evento da morte e que o local de um crime pode conter outros tipos de vestígios diversos daqueles encontrados num caso de homicídio, por exemplo. Uma calcinha com mancha de esperma ou sangue, fios de cabelo, guimbas de cigarro, copos ou outros materiais contendo impressões digitais, enfim, há uma enormidade de objetos e sinais deixados como componentes do tal corpo de delito.

Temos que trazer à lembrança dos que militam no ramo do Direito Penal que nem sempre os vestígios se encontrarão no local dos fatos, podendo ser encontrados em locais de desova ou em outros por meio da tentativa de ocultação de provas. Assim, caberá aos peritos criminais o encontro e análise destes vestígios que, se pertinentes ao corpo humano (despojos), deverão ser avaliados pelo médico perito.

Atenção: não se deve confundir local do crime com cena do crime. Esta última é o próprio evento delituoso, a ação cometida. Portanto, é temporalmente passageira e não pode ser resgatada, exceto por meio de fotos, filmagens ou provas testemunhais, se bem que com valor restrito em boa parte dos casos. Tal confusão se dá pela adoção do termo *crime scene*, do inglês. Tal termo acaba gerando equívocos por ser um falso cognato de "cena do crime" quando, na verdade, quer indicar "cenário do crime". Mais ainda, sempre que possível é melhor então que se opte por "local dos fatos" ou, quando houver cadáver, "local de encontro de cadáver", uma vez que afirmar que se trata de crime é prejulgar algo que ainda está sob investigação pericial.

8.4 Quem realiza as perícias?

Aqui trataremos dos peritos, os quais são legalmente indicados pela autoridade competente à frente do caso. Pela nova mudança do art. 159 do CPP (2008), admite-se a perícia de um só perito oficial no foro penal, assim como já era praticada no cível, podendo, em ambos os casos, ser indicados dois peritos assistentes, o que representa um de cada parte interessada.

Os peritos médico-legais no foro criminal podem ser oficiais ou nomeados, e aqui cabe uma discussão mais minuciosa acerca do assunto:

a) Peritos oficiais: são médicos concursados pela Secretaria de Segurança Pública – ou órgão correspondente –, para exercerem seus ofícios nos Institutos Médicos Legais. Para isto, recebem treinamento prévio e são automaticamente investidos pela lei como autoridades no assunto. Como já o dissemos anteriormente, ainda não há uma obrigatoriedade de que possuam título de especialidade na área, mas este quadro tende a mudar e a especialização será, depois disso, tida como condição *sine qua non* para o exercício do cargo. A investidura própria da condição de legistas oficiais lhes confere fé pública automaticamente. No Amapá e no Pará, os médicos legistas não estão subordinados à Secretaria de Segurança Pública e, portanto, o concurso não é realizado por ela.

b) Peritos nomeados ou *ad hoc*: em localidades onde não existam os IMLs, qualquer médico pode ser designado para realizar uma perícia médico-legal, desde que idôneo e sem impedimentos legais para o exercício de tal função. Como impedimentos legais, podemos citar qualquer grau de parentesco e/ou interesse na evolução do caso, por exemplo. Caso não existam médicos nestas localidades, profissionais com curso superior na área da saúde, sem impedimentos legais e com conduta reconhecidamente idônea, também poderão ser instados a participar de perícias desse tipo, desde que demonstrem conhecimento em relação ao caso proposto. Eis aí a exceção à qual nos referimos anteriormente. Ressaltemos que a prioridade deste exercício é dos médicos. No mais, ainda de acordo com o Código de Processo Penal, quando nomeados, os peritos devem ser em número de dois. Outra informação importante é a de que, uma vez nomeado pela Justiça, um perito não pode recusar-se a fazê-la, exceto em casos onde se aleguem e comprovem impedimentos legais e cujas escusas sejam atendíveis. Cada nomeação se dá para cada caso, especificamente. Daí o uso do termo *ad hoc*, que quer dizer "para isto". A legislação fala, é bom relembrar, da concorrência de dois peritos nomeados no exercício da perícia designada. Portanto, seria de se esperar que, legalmente, a perícia realizada por perito nomeado único não fosse válida e que sua contestação por qualquer das partes envolvidas na lide fosse automaticamente atendida. No entanto, não é isso o que ocorre na prática e tais laudos elaborados por perito nomeado único não são questionados em relação ao que determina a Lei.

8.5 *Limites de ação*

Peritos não julgam, não defendem nem acusam, mas tão somente proveem a Justiça com as provas materiais capazes de esclarecer um fato em apreciação, a partir da análise dos vestígios encontrados e relacionados ao caso. Portanto, a ação dos peritos, apesar de extremamente importante, limita-se à execução das análises periciais com posterior emissão do documento pertinente. Peritos examinam e relatam o que comprovaram a partir de suas análises, gerando daí o que podemos tomar como a prova material concreta da ilicitude do fato. Neste sentido, tais profissionais deverão sempre atender aos ditames do art. 160 CPP que informa que "Os peritos elaborarão o laudo pericial, onde descreverão minuciosamente o que examinarem, e responderão aos quesitos formulados." Chamamos a atenção para o fato de que as descrições deverão ser minuciosas. Isto implica na execução detalhada dos serviços periciais com a devida avaliação das normalidades e anormalidades vistas e o valor de cada uma delas no contexto do caso que se encontrar sob análise.

8.6 *Prazos*

No processo penal, a perícia é geralmente realizada na fase policial (fase de inquérito), assim que o delegado de polícia toma conhecimento do fato delituoso ou até a conclusão dos procedimentos legais relativos a esta fase. Porém, ainda é possível que tal ação se dê durante a fase de instrução criminal, conforme mandado do juiz em alguns casos. No foro cível, o prazo é, em geral, de cinco dias contados a partir da nomeação do perito, porém, a indicação dos assistentes pelas partes interessadas pode ser feita a qualquer tempo, caso ainda não tenha sido iniciada a diligência pericial. No foro penal o prazo para entrega do laudo atende aos ditames do parágrafo único do art. 160 CPP. Vejamos: "O laudo pericial será elaborado no prazo máximo de 10 dias, podendo este prazo ser prorrogado, em casos excepcionais, a requerimento dos peritos." Quando o prazo oficial for insuficiente para que se realizem as ações periciais será possível e recomendável a petição de dilação de prazo.

8.7 Tipos de perícia

As perícias podem ser de dois tipos básicos: direta e indireta. A perícia direta é toda aquela realizada diretamente sobre os vestígios deixados pelo fato delituoso. A perícia indireta é toda aquela realizada sobre documentos que digam respeito à análise anterior dos tais vestígios, agora inexistentes ou não mais alcançáveis. É preciso cuidado para não confundir perícia indireta com prova testemunhal, a qual só é permitida de forma supletiva, quando do desaparecimento dos vestígios e sem condições de análise de provas documentais, nos delitos materiais de conduta e resultado. O exame de corpo de delito indireto também requer lavratura de relatório médico-legal (auto ou laudo pericial). Nos casos de lesões corporais, somente o exame de corpo de delito direto poderá comprovar a materialidade do crime, uma vez que a análise de boletins e fichas hospitalares (corpo de delito indireto) pode contaminar de nulidade a perícia. Apesar disso, se comprovada e justificada a necessidade do exame de corpo de delito indireto, nada impedirá que ele aconteça, desde que seus elementos de convicção sejam anexados aos autos. Não se aceita, portanto, a simples menção da existência de tais documentos probatórios, os quais são documentos particulares e não públicos.

8.8 Perícias contraditórias

Quando, em número superior a dois, os peritos não conseguem chegar a uma mesma conclusão durante a execução da perícia, deverão lavrar, cada um em separado, seus próprios laudos. Nesse caso, diremos que as perícias foram contraditórias. Cada perito, então, lavra seu próprio laudo e o assina. Caso concordem e tenham uma conclusão em comum, deverão lavrar um só laudo pericial e assiná-lo. A este tipo de laudo denominaremos de "consensual". Porém, com a nova mudança do art. 159 do CPP, a possibilidade de execução de laudos contraditórios reduziu-se drasticamente, pois não pode haver contradição na perícia de um só perito.

8.9 *Conduta do juiz perante os laudos contraditórios*

Há uma máxima em Direito que diz que "o juiz não deverá ficar adstrito ao laudo". Isso implica dizer que, baseado nos princípios da livre convicção e da persuasão racional, comuns ao Direito Romano no qual se baseia nosso Direito, cabe ao juiz analisar o processo e tomar suas decisões com base naquilo que a sua razão e o seu livre convencimento ditarem, desde que, dentro de uma lógica racional bem embasada. A partir deste pressuposto, no caso de perícias contraditórias, o juiz poderá aceitar um laudo no todo ou em parte, desprezando o outro, no todo ou em parte, ou até mesmo julgar desconsiderando ambos, desde que amparado na razão e na lógica. Outra possibilidade é a de que ele solicite uma terceira perícia, que cuidará de examinar as duas perícias precedentes ou de realizar nova análise do corpo de delito em questão, ou mesmo solicitar um parecer de um *expert* no assunto.

Adendos:

– Antigamente existia a "figura de lei" do legista. A partir de 2008, por votação no Congresso Nacional (conferir Substitutivo ao Projeto de Lei n. 3.653 de 1997), o termo "médicos-legistas" foi abolido e no art. 5º de tal substitutivo, consta apenas a figura genérica do "perito criminal" ("com formação superior específica detalhada em regulamento...").

– No foro penal: a perícia é obrigatória (art. 277, CPP).

– No foro cível e trabalhista: é optativa (art. 146, CPC).

– Quanto à atuação dos legistas no foro penal, uma novidade nos é trazida pela Lei n. 11.690/2008: no processo penal **poderão as partes indicar assistentes técnicos para acompanhar as perícias**, o que antes era particularidade apenas do processo civil. Neste sentido, nem só às partes é facultado o direito de indicação dos assistentes, pois também o ofendido – que o § 3º do art. 159 coloca ao lado do querelante, e por isso com esse não pode ser confundido –, bem como o assistente de acusação, podem fazê-lo. Tal atuação, por lógica, dependerá de admissão pelo juiz. No mais, **tais assistentes só poderão atuar após a conclusão do exame e elaboração do laudo oficial** –, o que significa que não poderão intervir ou opinar nos exames dos peritos oficiais. Se a perícia for complexa, e por tal razão tiver sido nomeado mais de um perito oficial, as partes também podem indicar mais de um assistente cada uma. Além desses assistentes técnicos, destinados exclusivamente a analisar o exame pericial sob o ponto de vista do contraditório, a qualquer momento, durante o decorrer do processo, as partes podem indicar assistentes técnicos que poderão apresentar eles próprios pareceres – em prazo fixado pelo juiz –, ou até mesmo serem inquiridos em audiência.

– Igualmente a qualquer momento, no curso da ação penal, as partes poderão requerer a oitiva dos peritos, a fim de que esses esclareçam a perícia realizada ou respondam a quesitos por eles elaborados e repassados aos advogados das partes. Esses esclarecimentos e respostas poderão ser feitos na forma de laudo complementar. No entanto, os peritos só estão obrigados a responder a quesitos e perguntas formulados se eles, bem como a intimação, lhes forem encaminhados pela autoridade competente à frente do caso, com antecedência de dez dias.

– **A nova redação do art. 159 do CPP permite, então, que o exame de corpo de delito seja feito por um só perito oficial (a redação anterior exigia dois peritos)**, mas acrescenta a exigência de que o profissional tenha curso superior. Na ausência de perito oficial é que o exame deverá ser feito por duas pessoas portadoras de diploma de curso superior (diploma esse que, preferencialmente, deve ser na mesma área relacionada ao exame) e que **possuam habilitação técnica na área relacionada à natureza do exame**. Tais pessoas serão peritos não oficiais, e devem prestar compromisso de bem e fielmente desempenhar o encargo, com consequente investidura, na forma da lei. De qualquer forma, se o objeto da perícia for complexo, pode o juiz designar mais de um perito oficial.

Capítulo 2

DOCUMENTOS MÉDICO-LEGAIS

Documentos médico-legais são todos aqueles que servem à Justiça, com o fim de esclarecer dúvidas, notificar fatos ou relatar algo que seja de seu interesse, na área da Medicina ou outras afins. Portanto, o princípio básico para que um documento se constitua em documento médico-legal é o de estar a interesse da Justiça. Assim raciocinando, poderíamos afirmar, por exemplo, que nem todo atestado médico seria um documento médico-legal, embora possam alguns se constituir em papel com esta envergadura.

Vejamos quais são esses documentos, enfatizando a necessidade de estarem a interesse e sob solicitação da Justiça.

1. ATESTADOS

São certificados médicos que afirmam situações relacionadas com o estado de saúde de uma determinada pessoa, ou de seus dependentes legais (como no caso de atestados de acompanhamento, por exemplo), informando o fato que o justifica, bem como suas possíveis consequências. Portanto, mesmo que para cumprimento de formalidades corriqueiras, os atestados dependem de compromisso legal, não se dispensando que ali se encontrem somente verdades.

A falta com a verdade na redação de um atestado médico pode configurar desde infração ao Código de Ética Médica (art. 80 CEM) até mesmo crime, a partir do momento em que seu emitente aja com dolo, atestando falsa e conscientemente. Isso pode ser bem visto no art. 302 do Código Penal, onde se lê que "atestar é declarar a verdade".

A finalidade a que se presta deve estar anotada de forma clara, não valendo coisas do tipo "atesto para os devidos fins", por exemplo.

Tal procedimento visa evitar que tais documentos sejam usados de forma imprópria, desviando-se da função para a qual foram inicialmente requeridos.

Os atestados podem ser classificados em:

a) Graciosos: são aqueles emitidos sem motivos reais que os justifiquem. São popularmente conhecidos como "atestados falsos". Vale também lembrar que é obrigatório que o médico que atesta tenha examinado a pessoa que solicita o referido documento. Assim, mesmo que a doença seja real, o fato de não tê-la examinado faz com que o atestado também seja gracioso (ver art. 80 do Código de Ética Médica). Não se admite a forma culposa neste tipo de conduta, uma vez que os crimes contra a fé pública são sempre tidos como dolosos. Vale também lembrar que nem todo atestado gracioso é falso, uma vez que erros ou falhas na sua lavratura podem se configurar como graciosidade, como errar na anotação da data ou deixar de apor carimbo ou de anotar número de inscrição do CRM do médico que o assinou, por exemplo. Ensina-nos, porém, o grande mestre e amigo Genival Veloso de França que

> O *atestado gracioso*, também chamado de *complacente* ou *de favor*, vem sendo concedido por alguns profissionais menos responsáveis, desprovidos de certos compromissos e que buscam através deste condenável gesto uma forma de obter vantagens, sem nenhum respeito ao Código de Ética Médica.
>
> Muitos destes atestados graciosos são dados na intimidade dos consultórios ou das clínicas privadas, tendo como finalidade a esperteza de agradar o cliente e ampliar, pela simpatia, os horizontes da clientela.
>
> Já o *atestado imprudente* é aquele que é dado de forma inconsequente, insensata e intempestiva, quase sempre em favor de terceiros, tendo apenas o crédito da palavra de quem o solicita
>
> O *atestado falso* seria aquele dado quando se sabe do seu uso indevido e criminoso, tendo por isso o caráter doloso. Se é fato que alguns médicos resistem, igualmente certo é também que, em alguns casos, o profissional é induzido por questões de amizade ou de parentesco, e assim, sem uma análise mais acurada, fornece um atestado gracioso ou falso, mesmo que seu Código de Ética diga que tal atitude é ilícita e o Código Penal veja como infração punível. Tais sanções são justas porquanto o Estado tem o direito de resguardar o bem jurídico da fé

pública, cuja finalidade é sempre proteger uma verdade. (Consultado em 25 de agosto de 2014 e disponível em http://www.derechoycambiosocial.com/revista002/atestado.htm)

b) Oficiosos: são aqueles solicitados pelos pacientes aos seus médicos, odontólogos, fisioterapeutas ou outros profissionais da saúde, para que se justifiquem faltas ao trabalho por menos que 15 dias, à escola e outros compromissos que não sejam com a Justiça ou de interesse administrativo mais complexo. Lembrar-se que nas repartições públicas municipais e/ou estaduais, cada administração adota um regime próprio e os atestados, geralmente após o terceiro dia, deverão ser validados por exame de uma Junta Médica, passando, pois, a serem considerados como sendo adminsitrativos nestas circunstâncias.

c) Administrativos: são os solicitados ao profissional da saúde, com a finalidade de uso nas repartições de trabalho, sobretudo no serviço público, para efeito de licença maternidade ou paternidade, aposentadorias, abonos de faltas por mais que 15 dias, recebimento de benefícios previdenciários, seguros, etc.

d) Judiciários: a princípio, somente estes, entre os atestados, constituem verdadeiros documentos médico-legais desde as suas lavraturas. Trata-se de atestados que interessam à Justiça, solicitados sempre pelos juízes e com a finalidade de justificar ausência de testemunhas, réus e advogados em sessões de tribunais, por exemplo.

Os atestados médicos podem ser redigidos até mesmo em papéis comuns, sem timbre, desde que constando os dados referentes ao médico que examina e assina tal documento. No entanto, é de bom tom que sejam feitos em papel timbrado da instituição onde se deu a consulta. Vale lembrar que somente os atestados de óbito têm formulário legal, especialmente criado para este fim.

Dados indispensáveis, tais como nome completo de quem procede ao exame, seu número de registro no conselho profissional, sua qualificação profissional, seu endereço, nome completo do paciente examinado, finalidade a que se presta tal documento, números de dias solicitados para afastamento funcional ou escolar, devem constar nos atestados.

Quanto à menção do estado mórbido que justifica o atestado, devemos nos lembrar que isto implica na violação do direito que cada paciente tem ao sigilo de fatos pessoais. Certas doenças, por serem estigmatizantes – como a lepra, a sífilis, a gonorreia, a Aids etc. –, reforçam ainda mais a visão de que não deveria constar em um atestado a causa que o justifica. Citar o Código Internacional de Classificação de Doenças (CID) em nada melhora tal situação, uma vez que basta uma pessoa ter acesso a este código alfanumérico, mesmo pela internet, para que descubra de qual doença se trata.

A colocação do diagnóstico implica na concordância do paciente de que seu problema venha a público, sendo que tal aquiescência deve valer, inclusive, naqueles atestados solicitados pela Justiça. O mesmo vale para menores e incapazes, cujos responsáveis legais são os que devem concordar com tal fato. Doenças infectocontagiosas – ditas de notificação compulsória –, são exceções à regra, mas somente podem ser comunicadas ao serviço de vigilância sanitária, o qual tomará as devidas providências.

O que deve valer é a anotação, por parte do médico assistente, de que o paciente encontra-se sob seus cuidados profissionais e que se encontra impossibilitado ou apto para os fins a que o atestado se destina. A credibilidade do médico deve ser sempre levada em conta, até provas em contrário. Um diagnóstico não é absoluto, uma vez que outro médico pode contestá-lo, desde que fundamentadamente. Isso não implicaria em erro médico nem em quebra de conduta diante do conselho de ética da classe.

Somente motivo de justa causa justifica a emissão de atestado contendo a denominação da doença que gerou a sua necessidade, portanto.

2. DECLARAÇÃO DE ÓBITO

Disciplinado pelo Conselho Federal de Medicina, esse tipo de documento tem também suas particularidades. Vejamos:

- o médico só atestará o óbito após verificá-lo pessoalmente;
- é obrigação do médico fornecer o atestado para o paciente a quem vinha assistindo, mesmo que a morte ocorra fora de ambiente hospitalar, salvo naqueles casos em que haja certeza ou suspeita de morte violenta;

CAPÍTULO 2
DOCUMENTOS MÉDICO-LEGAIS 21

- no caso de óbito em ambiente hospitalar, o médico assistente fornece o atestado e, em sua falta, o médico de plantão ou substituto o faz;
- no caso de morte violenta ou suspeita, é vedado ao médico fornecê-lo, cabendo somente aos IMLs o fornecimento de tais documentos, por meio de seus peritos oficiais médico-legistas;
- entende-se por morte violenta aquela resultante de uma ação externa e lesiva, mesmo que ela se dê tardiamente ao fato;
- entende-se por morte suspeita toda aquela que ocorre de forma inesperada e sem causa aparente ou evidente;
- é vedada ao profissional da saúde a cobrança pelo fornecimento da Declaração de Óbito.

Existe ainda a possibilidade de fornecimento das Declarações de Óbito pelo pessoal do Serviço de Verificação de Óbito (SVO), em casos em que a morte tenha causa desconhecida não violenta ou que não tenha contado com acompanhamento médico no decurso da doença que a motivou. A título de informação, vale conferir os arts. 83 e 84 do Código de Ética Médica.

3. RELATÓRIOS MÉDICO-LEGAIS

São os registros minuciosos daquilo que se encontrou e analisou durante o ato pericial, sob solicitação da autoridade judicial competente à frente do caso e realizada por legistas designados para tal. Temos dois tipos básicos de relatórios:

- auto pericial: ditado diretamente ao escrivão, na presença de testemunhas;
- laudo pericial: redigido pelos próprios legistas, após as investigações, consultas, análises, discussões e conclusões acerca do fato que determinou a perícia.

Podemos ter diversos tipos de laudos, tais como os laudos de exame cadavérico, laudos de conjunção carnal, de lesões corporais etc. Devemos nos recordar que não mais devem existir os tais laudos de atentado violento ao pudor, uma vez que tal modalidade de crime não mais é tipificada no nosso Código Penal (ver art. 213 CP). Porém, também vale

MEDICINA LEGAL
LEONARDO MENDES CARDOSO

ressaltar que o que era incluso no antigo crime de Atentado Violento ao Pudor (art. 214 CP já revogado) foi absorvido pelo art. 213 CP.

Partamos agora para a exploração das partes que compõem um relatório médico-legal (laudo pericial):

a) Preâmbulo: corresponde ao cabeçalho do documento em pauta. Aqui serão anotadas as informações acerca do próprio IML e de sua subordinação, dos peritos e suas titulações, da autoridade que requer a perícia, do examinando, do local, hora e data do exame, bem como de sua finalidade.

b) Quesitos: no foro penal este questionário já existe previamente formulado, aparecendo então como "quesitos oficiais". No entanto, é possível e permitida à autoridade e às partes interessadas, até o ato da realização da diligência, a formulação de novos questionamentos. A isto se denominará quesitação complementar. Exceção se faz nos casos de inquéritos policiais, em que o ato já é, por si só, inquisitório. No foro cível, bem como na Psiquiatria Forense, tais quesitos pré-elaborados não existem, cabendo ao juiz, ao curador ou às partes, a sua formulação. Lógico que deve existir uma lógica racional na construção destas questões, cabendo ao juiz indeferir as que forem inoportunas ou impertinentes. De acordo com a Associação Brasileira de Medicina Legal e Perícias Médicas (ABMLPM), quanto à ordem dos quesitos, não há nenhuma legislação que os obriguem a estar colocados logo após o preâmbulo. Seria mais adequado para o legista e os que se utilizam desses laudos se eles fossem colocados após a conclusão e seguidos das respostas. No entanto, a relação dos quesitos logo após o preâmbulo tende a melhorar direcionar a visão pericial para aquilo que a Justiça deseja alcançar. Seria, por assim dizer, uma espécie de *check list* a conduzir as ações periciais.

c) Histórico: é o relato, o mais fiel possível, dos fatos acontecidos e que guardem estreita relação com o caso. É feito a partir da entrevista com a vítima ou terceiros relacionados ao evento delituoso, não cabendo nele as suposições ou opiniões do declarante ou do entrevistador. Aqui, a redação deve preservar o fato tal como foi narrado, sem alterações que possam prejudicar futuras análises. A título de exemplo, se uma senhora vem narrando a história de um estupro sofrido e denomina suas partes íntimas com apelidos ou nomes vulgares, os mesmos devem ser mantidos como tal na redação do documento. Isso permite que se veja o grau de escolaridade e a cultura a que pertence a vítima, seu estilo de vida, enfim, dados valiosos a serem interpretados pelos peritos responsáveis pelo caso, sobretudo do ponto de vista psico-sócio-antropológico.

d) Descrição: aqui bem cabe a expressão latina *visum et repertum* – visto e relatado –, sendo esta a parte mais importante de um laudo pericial. Portanto, depreende-se disso que, nessa parte, teremos o relato de tudo o que foi encontrado no exame físico da vítima, com expressão minuciosa dos procedimentos e técnicas empregados para tal. Não cabem aqui as referências hipotéticas ou subjetivas acerca do exame realizado. Esta é a parte que fornece, em si mesma, a materialidade dos fatos. Se necessário e possível for, deverão constar da descrição esquemas, gráficos, desenhos, filmagens, fotos e outros recursos auxiliares para melhor documentação dos sinais encontrados no decorrer da perícia. Também as normalidades deverão ser anotadas, evitando-se que, num futuro, lesões não pertinentes ao caso venham a ser referidas como fazendo parte do corpo de delito.

e) Discussão: nesta parte teremos a exteriorização da opinião dos peritos, os quais discutem os dados colhidos durante suas atuações no caso, gerando a partir daí um diagnóstico lógico, racionalmente embasado de forma técnico-científica e livre de hipóteses ou outras suposições que contaminem tal documento de nulidade.

f) Conclusão: trata-se do resultado da descrição e da discussão, sintetizado de forma objetiva e clara pelos peritos que procederam as análises.

g) Resposta aos quesitos: por fim, os peritos respondem aos questionamentos feitos pela Justiça, com o maior grau de isenção possível, fundamentadamente e de forma tão objetiva que não caberão respostas do tipo "talvez", "achamos que", "pode ser", "parece que"... Só caberão aqui "sim" e "não", valendo, no entanto, a aplicação do termo "prejudicado" ou "sem elementos" quando não houver resposta concreta para o quesito em pauta. Lógico que há também aqueles quesitos em que a resposta é mais ampla, não podendo, portanto, ser respondida de forma abstrata ou furtiva. Citamos como exemplo um caso no qual se pergunta: "Que tipo de instrumento produziu a lesão?", devendo ser respondido da seguinte forma: "Instrumento contundente" ou "Instrumento cortante", por exemplo. Veja que aqui houve possibilidade de resposta diferente do "sim" ou "não", mas igualmente a resposta foi direta, sem rodeios ou elucubrações. No entanto, segundo uma visão mais moderna da própria ABMLPM, após o protocolo de Istambul, o Manual Brasileiro da Perícia em Casos de Tortura e de acordo com parecer do CFM, estes conceitos de resposta diretas do tipo "sim" ou "não" estão praticamente superados, cabendo respostas que demonstrem o pensamento abalizado do perito. Nestes casos, o juiz, diante do fato, é quem deverá analisar a validade da resposta, inclusive acerca da descrição do objeto vulnerante de forma mais ampla que a realizada até há certo tempo.

h) Aproveitamos a oportunidade de reedição desta obra, corrigida e ampliada, para dizer que, acerca da anotação do instrumento vulnerante num laudo pericial, o entendimento da ABMLPM é o de que os relatórios médico-legais não devem ser vistos como complementares dos relatórios da perícia técnica. Assim sendo, admite-se a anotação do instrumento vulnerante de forma diversa daquelas referências do tipo "instrumento cortante", "instrumento contundente" etc., desde que se referindo ao objeto cujas características da lesão encontrada possibilitem a comprovação, com certeza, de que tal tenha sido realmente utilizado. Por exemplo, tendo-se absoluta certeza de que a lesão foi produzida por cassetete, seria possível a anotação em resposta ao quesito correspondente: "cassetete". Conforme o Professor Dr. Anelino José (membro da ABMLPM), pesquisa de levantamento realizada por ele, no IML do Distrito Federal, demonstrou que em 65% dos casos foi necessário o uso de termos genéricos, por não se ter concluído quais seriam os instrumentos causadores da lesão.

Aos peritos cabe a tarefa de responder imparcialmente aos quesitos formulados, não se importando com redundâncias, impertinências ou absurdos que possam ter acontecido pelos quesitadores. Comentários a tais fatos também devem ser deixados de lado, bastando responder de forma direta e objetiva: "sim", "não" ou "prejudicado" nos casos citados.

Outras possibilidades são as de se anotar "sem elementos para análise" ou "aguardar a evolução do caso". Nesta última hipótese, exames complementares provavelmente estarão sendo aguardados. Não nos esqueçamos, porém, das possibilidades de respostas previstas a partir da análise do protocolo de Istambul, já mencionadas anteriormente.

4. PARECER MÉDICO-LEGAL

Caso haja dúvidas das partes interessadas ou mesmo da autoridade competente à frente do caso, uma consulta-parecer poderá ser feita a um *expert* no caso em questão, no aguardo de que sejam esclarecidos todos os pontos obscuros. Tal documento tem o simples valor de prova técnica a ser considerada pelo juiz, servindo-lhe como base para que o mesmo emita sua decisão. Deverá o parecer ser realizado por escrito e incorporado aos autos, não valendo consultas verbais. Os pareceristas deverão ter idoneidade e competência reconhecidas na área de convocação, a fim de que também a falta deste pressuposto seja um motivo de nulidade.

Enquanto nos relatórios médico-legais a ênfase recai sobre a "Descrição", no parecer a "Discussão" é o ponto mais relevante, conduzindo o perito à melhor "Conclusão" de cada caso em estudo.

Capítulo 3

ANTROPOLOGIA FORENSE

Essa área da Medicina Legal se preocupa, principalmente, com a verificação da identidade médico-legal e jurídica do indivíduo, buscando, por meio dos processos de identificação, torná-lo reconhecido como um ser único no mundo. É este conceito de unicidade do ser o motivo de tal matéria.

Por identidade entende-se o conjunto de características particulares a um determinado indivíduo, somente a ele pertencente, individualizando-o. São sinais, marcas e características presentes ou ausentes que, em conjunto, o distingue dos demais seres. Por ser passível de simulações e dissimulações, a identidade de um indivíduo encontra-se revestida de grande importância jurídica, uma vez que, por meio dela, poderá ser imputada a alguém uma responsabilidade. Como marcas ou sinais podemos ter aqueles que são adquiridos e os que são congênitos.

Por identificação entende-se o conjunto de procedimentos técnicos e científicos capazes de desvendar a verdadeira identidade de um indivíduo. Tal pode ser realizado, do ponto de vista da Medicina Legal, sobre vivos ou mortos. Dois métodos são reconhecidos como válidos: um médico pericial e outro policial. No primeiro, teremos a avaliação partindo do exame de DNA, tipagem sanguínea etc.; no segundo, estarão a antropometria e a dactiloscopia.

1. IDENTIDADE MÉDICO-LEGAL

Sua determinação pode ser feita em vivos, cadáveres ou partes espostejadas destes – ou ainda em fragmentos de corpos, mediante procedimentos técnico-científicos. Raça, gênero, estatura, peso, idade, dentição, malformações ou marcas congênitas, marcas adquiridas, tatuagens, tipagem sanguínea e alguns outros dados serão úteis neste processo. Vejamos a importância e a forma de utilização de cada uma dessas características:

- Raças: buscam-se determinados traços comuns aos diversos grupos étnicos, com a finalidade de reuni-los por semelhança. Assim, poderemos ter os tipos caucasiano, mongólico, negroide, indiano e australoide, conforme uma das mais usadas classificações, a de Ottolenghi. Para tal, leva-se em conta a forma do crânio, as medidas entre determinados pontos ósseos cranianos, a capacidade volumétrica do interior do crânio, o ângulo facial, as dimensões da face e os cabelos. Aos alunos e profissionais do Direito não compete, a princípio, o conhecimento esmiuçado das formas como tais análises são feitas, pois lhes basta a confirmação, por exemplo, de que um cadáver encontrado é mesmo o de tal pessoa que se encontrava desaparecida. E esse dado é automaticamente fornecido pelos peritos por meio das análises periciais, sendo tal conclusão – positiva ou negativa, constante do relatório final.

- Sexo médico-legal: nem sempre é tão fácil a determinação do gênero numa ação pericial, isto porque existem possibilidades de alterações diversas, capazes de provocar tais confusões. Citamos, nesse sentido, as mutilações genitais externas no vivo ou no cadáver, as deteriorações advindas de processos de carbonização ou de putrefação, as anomalias congênitas – hermafroditismo ou pseudo-hermafroditismo, por exemplo, bem como o encontro de apenas partes ou fragmentos corporais. No entanto, alguns elementos são de extrema valia na análise pericial, como a determinação genética pelo encontro da cromatina sexual; a presença de útero ou de próstata, que são órgãos extremamente resistentes às carbonizações e putrefações; além das características esqueléticas diferenciadas entre homens e mulheres. Não nos esqueçamos, na atualidade, do evento da transexualidade e de sua possível correção cirúrgica por meio da transgenitalização (conferir capítulo pertinente à Sexologia Forense).

- Estatura: há uma tendência natural de que se confundam estatura e altura. Estatura diz respeito à medida de um ser humano em pé, tomando sua metragem do topo da cabeça até a planta do pé apoiada no solo. Quanto à altura, esta representa a medida de

CAPÍTULO 3
ANTROPOLOGIA FORENSE 29

um indivíduo também em pé e com os braços erguidos ao máximo que se consiga, com as plantas dos pés igualmente apoiadas no solo. Da ponta de seus dedos médios ao solo é que teremos o encontro de tal medida. Estas mensurações variam de acordo com a raça, idade, gênero, influência de hormônios, influência de doenças crônicas (sobretudo a desnutrição), bem como do cruzamento genético dos pais. No caso da avaliação da estatura de um cadáver, a medida deverá ser tomada pelas linhas tangentes ao topo do crânio e da sola dos pés, deduzindo-se 16 mm, os quais correspondem ao achatamento natural dos discos intervertebrais. Numa tomada da estatura em um esqueleto, a regra é acrescentar 6 cm correspondentes às partes moles que recheavam a carcaça óssea. No entanto, não há que se esquecer de que tais procedimentos são empíricos e fornecem valores aproximados.

– Idade: a determinação pericial da idade avalia parâmetros de calcificação óssea e de padrão dentário, sendo dada sempre como aproximada (referida como "estimativa de idade") e nunca como exata. Caracteres sexuais secundários – brotamentos mamários, surgimento de pelos pubianos, surgimento de pelos da barba e axilas, enfim, são também de grande auxílio nesta avaliação. Muitos outros dados poderão compor este conjunto de parâmetros, sendo dispensáveis os comentários acerca dos mesmos.

– Dentição: dentro do item de reconhecimento da identidade, sobretudo em cadáveres e esqueletos encontrados, este é um dos principais pontos. Muitas vezes, perdidas as impressões digitais ou na impossibilidade de obtenção de DNA para análise, restam apenas os dentes como fonte de identificação daquele indivíduo. Vale dizer que os dentes são extremamente resistentes aos processos de transformação orgânica – por isso muito usados para pesquisa de DNA em ossadas com dentes, bem como das carbonizações. Se há uma ficha odontológica que possa ser utilizada nesta análise pericial, fica ainda mais facilitada tal comprovação ou negação da identidade. Além disso, a dentição sofre variações etárias importantes e de grande valor pericial.

– Peso: para tal verificação, utilizam-se tabelas teóricas de aproximação, à custa de dados como idade, estatura e nacionalidade.

Lógico que não se consideram aí alguns fatores importantes, mas impossíveis de serem mensurados, tais como sofrimentos antes do óbito, privação da alimentação, confinamentos com consequente desidratação, etc.

– Malformações congênitas: referem-se aos defeitos ou vícios de nascença, sobretudo incluindo-se aqueles incapazes de serem corrigidos por procedimentos médico-cirúrgicos. São eles os lábios leporinos, as deformidades de coluna vertebral (escolioses, lordoses, cifoses congênitas), os dedos supranumerários (polidactilias), os dedos infranumerários (bradidactilias), os dedos colados (sindactilias), pernas tortas (*genu valgum* ou *genu varum*), entre tantos outros.

– Sinais ocupacionais: são aqueles decorrentes de ocupações funcionais, indicando a profissão de um indivíduo avaliado. Podemos citar, como exemplo, as manchas encontradas nas unhas dos fotógrafos e que são decorrentes dos produtos utilizados nas revelações dos filmes fotográficos ou mesmo o afundamento da região esternal nos que trabalham com calçados (tórax de sapateiro).

– Sinais particulares: referem-se a todos os sinais exclusivos de cada indivíduo, seja por sua própria existência ou por seu formato e localização. Neste grupo encontramos as manchas da pele (hemangiomas planos, nevos, discromias etc.), as cáries, as faltas de dentes, as próteses dentárias, fraturas que se consolidaram de maneira inabitual, verrugas, cicatrizes, forma das orelhas, etc.

– Tipos sanguíneos: ao contrário do que se possa pensar, não existem apenas o grupo ABO e o Fator Rh comumente usados nas tipagens sanguíneas. Temos alguns outros tipos capazes de serem utilizados como parâmetro de identificação, todos eles imutáveis e de grande importância. O Fator Du e os já citados anteriormente são os mais conhecidos deles. Importante lembrar que o cruzamento das informações de tipagem sanguínea não é suficiente para a afirmação da paternidade ou da maternidade, servindo, no entanto, como forma exata para exclusão destes graus de parentesco, desde que afastadas as possibilidades esperadas de erro, como é o caso do raro Fator Rh nulo.

– Tatuagens: este antigo hábito consiste na deposição de pigmentos corantes na camada da pele que se localiza logo abaixo da epiderme, a

CAPÍTULO 3
ANTROPOLOGIA FORENSE 31

derme. Em geral estão ligadas a gangues, tribos, protestantes sociais, engajados em forças militares e, mais marcantemente, entre marginais reincidentes. Lógico que jovens da atualidade, por modismo também as fazem como adorno, sem que isto indique mau comportamento social. Seja como for, as tatuagens funcionam como marcas individualizantes com importância na determinação pericial da identidade. Até mesmo entre os marginais de mais alta periculosidade é possível reconhecer quais são suas facções criminosas, tipo de delitos cometidos e função dentro do grupo ao qual se aliam.

– Dinâmica funcional: refere-se ao comportamento e hábitos de cada indivíduo, levando em conta seu gestual, postura física, atitudes perante as diversas situações, tom de voz, escrita etc. Embora possam sofrer influência da inteligência e vontade, em geral se fazem valer de forma subconsciente.

– Perfil psicológico: alterações mentais – doenças ou transtornos – podem, quando vistas sob o ponto de qualificação e quantificação do nível de quociente intelectual, fornecer informações importantes para a identificação médico-legal.

– Imagens: o reconhecimento por meio da imagem facial, seja por comparação ou por sobreposição fotográfica, permite correlações em que a coincidência de pontos específicos dita a positividade, ou não, da identidade buscada. Tal processo é denominado de prosopografia. Os modernos recursos visuais e computadorizados colaboram para uma maior exatidão desta análise nos dias de hoje.

2. IDENTIDADE POLICIAL OU JUDICIÁRIA

Depois de muitas tentativas infrutíferas, os métodos de identificação policial lograram êxito com o advento da leitura das impressões digitais, que se configura como técnica relativamente simples e eficaz. Por outro lado, não impõe aos indivíduos praticantes de delitos uma mácula estigmatizante, como o faziam as mutilações e marcações físicas do passado. Perenes e imutáveis, as impressões digitais são o instrumento principal da identificação e consta obrigatoriamente nas cédulas de identidade expedidas pelas Secretarias de Segurança Pública e órgãos correspondentes em todos os países de todo o mundo. Aliados a este instrumento, temos ainda a utilização de dados antropométricos – já discutidos no item anterior, e das fotografias e retratos falados. Para a leitura e reconhecimento das impressões digitais, levam-se em conta as linhas papilares (daí o termo papiloscopia) com suas particularidades – arcos, presilhas e verticilos, os sulcos entre elas e os poros oriundos de glândulas sudoríparas que se desembocam nas linhas papilares (poroscopia). Embora empregadas, as impressões plantares (plantas dos pés) não são de uso corrente. Mais atualmente, o digitofotograma tem sido material bastante considerado, pela praticidade, baixo custo e fidedignidade que constitui. Para sua obtenção utiliza-se a seguinte metodologia: embeber um chumaço de algodão em revelador fotográfico; passá-lo, assim preparado, na polpa digital; colocar a polpa digital umedecida em revelador sobre uma chapa radiológica e exercer leve pressão; após mais ou menos sessenta segundos mergulhar a chapa em solução fixadora; montar a chapa seca em moldura própria.

Outros métodos mais modernos – reconhecimento pela voz, leitura do padrão da íris etc., por certo existem, mas ainda são promessas para uso futuro em larga escala, em razão das dificuldades e do custo para obtenção de dados, leitura e arquivamento.

Os métodos de identificação devem apresentar as seguintes características para se firmarem como confiáveis e de fácil manuseio:

a) unicidade: as características devem individualizar a pessoa humana, distinguindo-a das demais;

b) imutabilidade: as características levadas em conta não devem se modificar, ao menos facilmente, com o passar do tempo, seja por ação do meio ambiente, da idade ou por doenças;

c) praticabilidade: o registro dessas características deve ser de fácil execução, tendo em vista o crescente número de pessoas no mundo;

d) classificabilidade: também em relação ao grande número de indivíduos a serem fichados, há que se trabalhar com características de fácil classificação e arquivamento, sobretudo em sistemas de computadores nos dias de hoje e em vista das necessidades de trocas de informação impostas pela globalização.

Capítulo 4

TRAUMATOLOGIA FORENSE

A Traumatologia Forense se preocupa com o estudo das lesões resultantes de traumatismos. Isso tanto pode ser aplicado à esfera física quanto à moral ou à mental. Para tanto, vale diferenciar os termos trauma e lesão. O primeiro diz respeito à ação capaz de gerar uma alteração, sendo, portanto, a causa; o segundo diz respeito à alteração em si, constituindo-se na consequência daquela ação. Embora não completo, o termo "lesões corporais" será tomado para a designação dos danos sofridos por um indivíduo, ao qual chamaremos de vítima. São, conforme o Código Penal (ver art. 129 e seus parágrafos e incisos), ofensas à integridade física – anatômica – e/ou à saúde – funcional ou psíquica – de outrem. Autolesões, com base no anteriormente exposto, não configuram crime, até mesmo por não serem, senão em casos de rara exceção, relevantes juridicamente. Estes raros casos de importância jurídica envolvem as fraudes, como é o caso de alguém que se mutile para fins de recebimento de seguro ou de aposentadoria. Porém, a intencionalidade da fraude é que deverá ser avaliada como criminosa.

Há quem advogue que não se podem classificar as lesões acidentais e culposas, quantificando-as em leves, graves e gravíssimas. Para estes, somente em casos envolvendo dolo é que poderiam ser tomadas tais referências de quantificação. Tal assunto merece discussão a nosso ver. Por outro lado, o Código Penal, art. 129, cita apenas as lesões contempladas pelo § 1º como sendo graves, nada dizendo em termos de quantificação sobre as que se enquadram no *caput* ou no § 2º. Mais adiante, já no § 3º, fala-se em lesão corporal seguida de morte. Portanto, levando-se em conta a omissão do próprio instrumento legal em questão, a Medicina Legal entende que todas as lesões correspondentes ao *caput* devem ser

MEDICINA LEGAL
LEONARDO MENDES CARDOSO

vistas como sendo leves e as encaixadas no § 2º, gravíssimas. Segundo se tem notícia, a reforma do Código Penal, em andamento, deverá rever a quantificação dos graus das lesões, sendo esperado que os revisores do texto adotem os termos "Lesão grave de primeiro grau, Lesão grave de segundo grau e Lesão grave de terceiro grau" para expressarem as lesões graves, gravíssimas e as seguidas de morte, atualmente em uso.

1. QUANTO À CLASSIFICAÇÃO DAS LESÕES

Independente das divergências acima citadas, as lesões corporais podem ser classificadas pela Medicina Legal, tomando-se por base a intensidade das mesmas, em:

a) Leves: ofendem a integridade corporal ou a saúde de outrem de forma superficial e sem envolver perigo de morte ou de maiores complicações para a vítima. Tais danos aparecem especificados no Código Penal em seu art. 129, *caput.* Em geral, dizem respeito aos comprometimentos de menores proporções provocados na superficialidade do corpo humano – pele, tela subcutânea, músculos superficiais e/ou vasos sanguíneos de pequeno calibre. São representadas pelas escoriações, equimoses, hematomas localizados em partes anatômicas de menor importância, contusões mais simples, luxações e entorses que não incapacitem para atividades habituais por mais que 30 dias, além dos edemas menos importantes.

Comentários a casos especiais:

Rubefação ou rubor – corresponde a uma leve e fugaz vermelhidão da pele e que não compromete a normalidade anatômica, funcional ou mental do corpo humano – não se enquadrando nesta classificação acima descrita (lesão leve), até mesmo por poder ser determinada também por simples emoções e até mesmo exposição solar. Do mesmo modo, também as queimaduras de primeiro grau e as lesões muito superficiais e fugazes, não se constituem em lesões corporais leves. Queixas subjetivas, como a dor e crises nervosas simples ou puros desmaios, participam igualmente de mesmo tratamento jurídico.

Remoção ou arrancamento de partes significativas de pelos (cabelos, bigode ou barba) enquadram-se como lesões corporais que podem variar de leves a graves. Vale a análise quantitativa e a importância do fato no contexto geral.

Como se tratam de processos superficiais e fugazes, na maioria das vezes, tais situações são averiguadas por meio de exames de corpo de delito indireto, em que poderão tomar parte os depoimentos de testemunhas idôneas. Outra informação importante é a de que também são passíveis de punição as tentativas de lesões corporais leves, "quando o agente, pretendendo ofender a integridade corporal ou a saúde de outrem, não o consegue por motivos alheios à sua vontade". Porém, é também este um caso bastante problemático na prática, dado às dificuldades de comprovação do mesmo. Na maior parte das vezes, tais casos são colocados no rol das "vias de fato".

b) Graves: incluem quatro tipos explicitados no § 1º do art. 129 do Código Penal. São eles:

b.1 – Incapacidade para as ocupações habituais por mais de 30 dias: por esta incapacidade deve-se entender a falta de condições para o exercício dos atos diários. Aí se encontram, também, as atividades profissionais e lucrativas, além daquilo que se faz corriqueiramente. Caso a lei não contemplasse dessa forma, não se puniriam aqueles que atentassem contra a vida dos incapazes e desocupados de toda espécie. Assim sendo, o termo da redação é inegavelmente genérico. Quanto ao tempo estabelecido, a análise pericial é que deverá estipulá-lo, reavaliando-se, se preciso for, a vítima após o fim de um mês da ocorrência do fato. Este exame será dito complementar. A prova testemunhal, na falta da perícia, por terem desaparecido os vestígios, pode supri-la. Tudo isso, no entanto, de forma bem fundamentada.

b.2 – Perigo de vida: ao ver deste autor, o termo é inteiramente mal construído, uma vez que ninguém corre o perigo de viver. Mais certo seria "perigo de morte", pois de fato é isso que acontece. Mas, vamos lá! Necessitamos diferenciar dois termos: perigo e risco. O primeiro se traduz por algo concreto, mesmo que momentâneo, decorrente do processo consequente à ofensa, não ultrapassados 30 dias do fato; o segundo diz respeito a algo que leve a uma possibilidade de que a vida possa vir a correr tal perigo.

Veja que se trata de algo no plano hipotético. O socorro em tempo hábil e mesmo o tratamento solucionador não exclui esta situação de risco, até mesmo por que falamos aqui de perigo e não da morte efetivamente. A fundamentação dos peritos é igualmente imprescindível neste ponto. O importante não é o tamanho da lesão, mas a possibilidade real da ocorrência da morte, caso não se tomem as medidas cabíveis. Ainda mais, concausas não afastam o diagnóstico de perigo para a vida, uma vez que lesões ou condições pré-existentes (diabetes, hemofilia, hipertensão arterial etc.) são sempre complicadoras e potencialmente indutoras de perigo de morte.

b.3 – Debilidade permanente de membro, sentido ou função: por membros entendam-se os quatro apêndices do tronco humano (membros superiores e inferiores); por sentidos temos o olfato, a visão, o tato, a audição e o paladar; por função ficam subentendidas as atividades fisiológicas importantes de um órgão, aparelho ou sistema, como a locomoção, a digestão, a micção, a potência sexual etc. Já por debilidade, devemos entender a diminuição de força, ou seja, o enfraquecimento em si. Como o próprio enunciado diz, tudo isso de forma perene. Em relação à perda de um órgão duplo ou sentido – um dos olhos, uma das audições, um dos rins, por exemplo –, tal fato se constitui em debilidade permanente e não a perda. Mais adiante discutiremos a extensão do que se quer dizer com "permanente".

b.4 – Aceleração do parto: trata-se da antecipação da data prevista para o nascimento. É, portanto, referência a processos e atitudes que afetem a estabilidade gestacional, induzindo contrações uterinas antes do período fisiologicamente previsto. A fim de diferenciar juridicamente tal condição do abortamento, ressalta-se que o produto da concepção (concepto) deverá vir ao mundo vivo e em condições de sobrevivência extrauterina. Traumas mecânicos, físicos, químicos ou até mesmo psíquicos, podem induzir tal acontecimento. Caso o concepto venha a óbito após algum tempo decorrido deste tipo de parto prematuro, o agressor responderá por crime culposo com a lesão grave. Caso nasça inviável ou já morto, tal agressor responderá por abortamento, sendo esta uma lesão gravíssima. Desconhecendo o agressor a condição de gestação

CAPÍTULO 4
TRAUMATOLOGIA FORENSE | **37**

da vítima, não responderá por fato qualificado, mas apenas ao que diz respeito o *caput* do art. 129 do CP. Assim têm admitido alguns dos doutrinadores do Direito e da Medicina Legal.

c) Gravíssimas: aqui também listaremos condições qualificadoras de tal evento danoso, a saber:

c.1 – Incapacidade permanente para o trabalho: refere-se à impossibilidade de um indivíduo afetado em prover seu próprio sustento ou o daqueles que dele são dependentes legais. É a incapacidade ou invalidez permanente e total para qualquer exercício profissional que lhe renda proventos, com os quais há de se sustentar ou aos que dele dependem. De acordo com a visão da nova lei, serão avaliadas as possibilidades de readaptação da vítima ao próprio trabalho ou a outra função (reabilitação), trazendo o caso para a qualificação anterior de lesão grave. Que fique também esclarecido que permanente, aqui como nos demais tópicos já mencionados, não significa perpétuo, mas, sim, de duração incalculável. Em caso de pessoa menor de idade, avalia-se a sua capacidade laboral futura. Em caso de morte deste, entre os 14 e 25 anos, quando poderia legalmente estar colaborando com as despesas domésticas, cabe a indenização.

c.2 – Enfermidade incurável: por enfermidade entende-se uma alteração orgânica ou psíquica, na qual se comprometem estas funções. Tal alteração pode se dar por ausência ou por imperfeição de uma ou mais funções, de forma congênita ou adquirida. Já para o termo "incurável", pressupõe-se a impossibilidade de haver recursos que revertam um determinado processo doentio. É bom que se diga que a utilização da palavra *patologia* como sinônimo de condição mórbida, moléstia, doença ou enfermidade não é adequada, uma vez que ela se refere ao estudo destas. A título de exemplo, em relação às enfermidades incuráveis, podemos citar a demência senil e as paralisias, acidentais ou provocadas, como no caso de alvejamentos de coluna vertebral por projéteis de arma de fogo.

c.3 – Perda ou inutilização de membro, sentido ou função: por perda entende-se a mutilação de um membro ou órgão, comprometendo destarte uma função – locomoção, digestão, equilíbrio etc., ou sentido – visão bilateral, audição etc. Poderemos ter perdas totais ou parciais, desde que o comprometimento seja equivalente à inutilização da parte afetada. Isto é importante, pois em relação ao fígado, por exemplo, sabemos que o mesmo apresenta grande capacidade de regeneração, readquirindo por regeneração, em prazo relativamente curto, o seu tamanho habitual. Quanto a um braço ou perna já não se pode afirmar o mesmo. Como a membrana himenal não tem uma função importante para o organismo nem representa sentido ou órgão, e a sua falta não gera quaisquer problemas de saúde, a sua perda será considerada tão somente uma lesão leve.

Entendemos que não existe função himenal. A rotura himenal não constitui, portanto, uma lesão corporal, mas, sim, entra em outro capítulo, referente aos crimes sexuais. Quando se acompanha de lesão como equimose, escoriação ou rotura perineal, por exemplo, como nos casos de estupro, a qualificação ou a quantificação é da lesão corporal sofrida pela vítima e não se faz menção da rotura himenal como uma lesão corporal.

c.4 – Deformidades permanentes: são correspondentes a dano estético irreparável, possível de ser verificado a olho nu. Deverá também ser capaz de imprimir no observador um sentimento de repulsa. Tanto mais grave será, quanto mais exposta for a lesão deformante e a sua relação com a vida social da vítima. Assim, uma lesão do tipo queloide no abdome de uma balconista não terá o mesmo significado, do ponto de vista cível indenizatório, que outra em mesma localização no corpo de uma modelo ou artista de cinema. O mesmo não se pode dizer do ponto de vista penal. Esta fonte classificadora das lesões gravíssimas depende em muito do julgamento que a autoridade judicial fará sobre a mesma, com base num julgamento racional e conforme sua convicção. Deve-se ter o cuidado de esperar que as lesões deformantes assumam seu aspecto definitivo, o que pode demandar importante intervalo de tempo.

c.5 – Aborto: primeiramente, entendamos que aborto é o produto do abortamento (feto morto). Assim, o ato de abortar não deve ser, como escrito no próprio Código Penal brasileiro, denominado de aborto e, sim, de abortamento. Desta forma, para a Medicina, o abortamento representa a interrupção da gravidez antes que o feto se torne viável, não sobrevivendo, pois, à sua extração do interior uterino, conforme alguns autores, até a 22ª semana de vida intrauterina, 25 cm de estatura ou abaixo dos 500 gramas de peso fetal. A partir do momento em que seja possível a sua viabilidade, teremos então o parto dito prematuro. Já para o Direito, abortamento diz respeito à interrupção da gravidez normal e não comprometida a qualquer tempo da gestação, havendo ou não a expulsão do concepto morto ou, caso nasça vivo, que venha a falecer por inviabilidade de sobrevivência extrauterina, devido à ofensa sofrida pela gestante ou por imaturidade orgânica fetal. Tal ofensa à gestante pode-se dar no plano físico ou psíquico. O agressor deverá ter conhecimento da gravidez e o abortamento deverá guardar relação com a agressão imposta (nexo de causalidade). Pode-se aventar a hipótese do dolo eventual, tendo em vista que todos devemos saber que uma mulher em idade fértil pode estar grávida a qualquer tempo. Isto ficará na dependência do poder de argumentação do advogado. No entanto, como fonte de controvérsias do entendimento jurídico, alguns doutrinadores consideram que a morte fetal durante o período expulsivo (trabalho de parto franco) configurará homicídio e não abortamento. Sobre isto não encontramos uma visão consensual. O que podemos afirmar é que o nascimento com vida é a determinante da existência jurídica (personalidade). Até isto, o que existe é uma expectativa da personalidade. Assim, melhor é o entendimento médico legal de que abortamento seja a morte fetal ainda no útero ou mesmo o nascimento de feto inviável para a vida extrauterina. Somente deveria, portanto, ser considerado homicídio a morte daquele que nasceu com vida, viável, e que foi vítima de algum tipo de violência após sua expulsão do útero materno.

d) Lesões corporais seguidas de morte: há que se avaliar, neste parâmetro, a questão da intenção em provocar a morte. Se o agressor não deseja matar a vítima nem assume o risco de fazê-lo, falaremos em crime de preterdolo, significando dolo no precedente e culpa no consequente. Caso tenha assumido o risco de matar não há que se falar em lesão corporal seguida de morte, mas sim em homicídio com dolo eventual.

MEDICINA LEGAL
LEONARDO MENDES CARDOSO

Encontra-se em fase de análise a reforma do Código Penal, onde a proposta de redação neste sentido prevê a classificação das lesões corporais da seguinte forma:

– § 1º, lesões corporais graves de 1º grau;
– § 2º, lesões corporais graves de 2º grau; e
– § 3º, lesões corporais graves de 3º grau.

2. QUANTO À NATUREZA DOS TRAUMAS

Primeiramente, relembremos que trauma é a causa, a ação causadora de um dano; em seguida, recordemos que o fruto desta ação, ou seja, a sua consequência, é a lesão. Assim feito, devemos saber que são vários os tipos de energia capazes de gerar danos. Conforme a energia envolvida em cada processo teremos uma natureza de trauma em particular. São elas:

a) Trauma de natureza mecânica: é todo aquele em que se encontra envolvida uma energia do tipo cinética (de movimento). Não podemos confundi-lo com os traumas de natureza física, estudados na sequência. Aqui o que importa é a existência de movimento, quer seja do objeto vulnerante, da vítima ou de ambos.

b) Trauma de natureza física: este evento envolve energia radiante, como a luminosa, a térmica, a elétrica, a sonora, a nuclear e a radiológica, além das variações de pressão.

c) Trauma de natureza química: os produtos químicos são os agentes utilizados neste tipo de ação, seja por produzirem lesões teciduais de maior ou menor intensidade e geralmente externas – ácidos ou bases, seja por produzirem alterações funcionais e até mesmo a morte, como no caso dos venenos ou mesmo dos medicamentos inadequadamente administrados.

d) Trauma de natureza físico-química: este impede a provisão de ar para os pulmões, com consequente alteração da composição química sanguínea. Resultará nas asfixias em geral.

e) Trauma de natureza bioquímica: aqui se incluem as perturbações alimentares, as infecções e as autointoxicações.

f) Trauma de natureza biodinâmica: os choques – neurogênicos, hipovolêmicos, anafiláticos, cardiogênicos, obstrutivos e periféricos, e a falência de múltiplos órgãos se encaixam nesta classe. Perceba-se que

CAPÍTULO 4
TRAUMATOLOGIA FORENSE | 41

não utilizamos a expressão "falência múltipla dos órgãos", uma vez que tal processo se dá em relação a cada órgão e que vários deles – coração, rins, fígado etc., é que entram em colapso.

g) Trauma de natureza mista: resulta da associação destes dois anteriores.

Trataremos de cada um em separado, tentando explorar o que de mais importante apresentem para o raciocínio jurídico, sobretudo no que diz respeito às interpretações de laudos periciais.

2.1 Traumas de natureza mecânica e as lesões decorrentes destes

Como já o dissemos, envolvem energia produzida pelo movimento de objetos e/ou da vítima em relação a eles. Assim, teremos:

a) Tipo ativo: o objeto vulnerante encontra-se em movimento e a vítima parada.

b) Tipo passivo: o objeto vulnerante encontra-se parado e a vítima em movimento.

c) Tipo misto: ambos, objeto e vítima, encontram-se em movimento.

Quando formos nos referir ao objeto vulnerante, sempre o designaremos com uma palavra terminada em "ente" ou "ante", como cortante, perfurante, contundente... Isto se deve à terminação "nte" se referir a uma ação (aquilo que...). Já ao falarmos em lesões, jamais deveremos usar estas terminações. Um objeto cortante produzirá então um corte, ao qual denominaremos de lesão incisa ou, caso se faça acontecer com finalidades cirúrgicas, incisão. Um objeto contundente produzirá uma contusão ou lesão contusa. Do uso de um objeto perfurante resultará uma perfuração. E assim por diante.

Há alguns autores, no entanto, que aceitam o uso de expressões do tipo "lesão cortante, lesão contundente"... Mas isto implicaria numa inversão de valores sem justificativas para tal uso. Seria o mesmo que trocar a palavra "estudo" por "estudante". Imaginem: "ele fez um belo *estudante* acerca da Sexologia!" Percebe-se, de imediato, a total falta de coerência na construção da frase. Vale dizer que, se "estudante" diz respeito a "aquele(a) que estuda", "cortante" diz respeito a "aquilo que corta". As terminações "ante/ente" advêm do particípio presente do latim. Como o português é uma evolução do latim e o tal particípio presente acabou em desuso, tais terminações foram utilizadas na adjetivação de certas palavras e querem significar "aquele(a) que age".

Outra informação importante é que não existe um instrumento exclusivamente cortante, contundente ou perfurante, por exemplo. É o uso que se faz do mesmo que servirá para classificá-lo. Assim, uma faca, ao ser usada pela parte do cabo para que se apliquem pancadas na vítima, será tomada como instrumento contundente e não como cortante. Um revólver nem sempre é usado para atirar, podendo gerar lesões contusas ao ser utilizado com a finalidade de com ele se aplicarem coronhadas.

As lesões decorrentes de ações de natureza mecânica podem ser do tipo: perfuração, incisa ou incisão, contusão, lesão pérfuro-incisa, lesão pérfuro-contusa, lesão corto-contusa, laceração, escoriação... Caso o objeto adentre cavidades naturais do corpo – craniana, torácica, abdominal ou pélvica, vaginal, anal, oral, nasal etc., diremos que houve penetração; caso ultrapasse todos os limites corporais, falaremos em transfixão ou transfixação; caso permaneça dentro de um tecido diremos que houve alojamento.

Vejamos algumas particularidades de cada uma destas lesões:

– Lesão incisa e incisão: representam os cortes e são frutos da ação de um instrumento que apresente borda afiada (fio ou gume); tal instrumento deve agir por deslizamento de seu gume sobre a parte a ser afetada; a lesão apresenta rompimento do tecido atingido, onde teremos a formação de bordas lineares, regulares, coaptáveis (que se ajustam perfeitamente entre si) e com predomínio do comprimento sobre a profundidade; centro mais profundo que as extremidades; paredes regulares; hemorragia quase sempre expressiva, porém, dependente da extensão, da profundidade e da localização da lesão; ausência de vestígios em torno da lesão. As incisas se diferenciam das incisões, uma vez que as primeiras apresentam cauda de escoriação (ou também denominada de cauda de arrasto) voltada para o lado onde termina a lesão e as outras têm a mesma profundidade em todo o seu trajeto. A cauda de escoriação é de extrema importância para o mundo jurídico, uma vez que informa acerca do sentido e direção em que a lesão foi realizada, bem como da posição do agressor em relação à vítima. As incisas se diferenciam das incisões, sobretudo, pela técnica empregada na realização de ambas. Os instrumentos poderão ser os mesmos, embora existam os bisturis, construídos especialmente para as incisões cirúrgicas. É bom lembrar que as hemorragias podem ser mais graves naqueles portadores de alterações da coagulação, por doenças ou por uso de medicamentos específicos para este fim. Acerca da cauda de arrasto, para fins de ilustração, vejamos:

— Contusão: é fruto da ação de objeto com superfície irregular, plana ou romba e que entra em contato mais amplo com a região afetada, imprimindo-lhe maior ou menor pressão, seja por deslizamento, explosão, compressão, descompressão, distensão, torção ou outra força mecânica que se utilize desta face de contato. São exemplos, o rubor, a equimose, o hematoma, a bossa sanguínea, as entorses, as luxações, as fraturas, as avulsões dentárias e as rupturas de vísceras, a escoriação e a laceração. Há um nível crescente de gravidade nestes tipos de lesões, sendo o rubor o mais superficial e leve e a ruptura de vísceras o mais grave. No entanto, isso nem sempre será verdadeiro, uma vez que dependerá da extensão e do local afetado. Também devemos lembrar que alguns autores preferem considerar as escoriações e as lacerações como sendo lesões de características próprias ao invés de enquadrá-las como subtipos de contusões. Escoriar é o que popularmente se conhece por "ralar ou lixar". Lacerar – ou dilacerar – seria o mesmo que rasgar.

— Perfuração: é gerada por instrumentos que apresentam ponta bastante afilada e ausência de gume, como as agulhas, os alfinetes, os arames finos e os espinhos, os quais agem por pressão localizada sobre um ponto mínimo. São também chamadas de lesões punctórias ou puntiformes, por deixarem como marca somente um ponto. Em geral, não sangram ou sangram de forma discreta. Dado à elasticidade dos tecidos, nem sempre teremos uma correspondência clara entre o calibre do objeto vulnerante e a lesão por ele deixada, a qual, em geral, é aparentemente menor.

– As demais lesões – pérfuro-incisa, pérfuro-contusa, corto-contusa etc., correspondem às associações das lesões anteriormente explanadas, assumindo características mistas daquelas.

Quanto às contusões, elas assumem diversas formas, como vimos acima, sendo que tal fato merece uma orientação à parte. Vejamos:

– Rubor ou rubefação: refere-se à vasodilatação da pele atingida por objeto contundente (palma de mão, pedaço de madeira etc.), de forma branda o suficiente para que não haja lesão tecidual. A vermelhidão (hiperemia) resultante é fruto, portanto, apenas da dilatação dos vasos sanguíneos da região afetada. Vale relembrar que nem só os traumas de natureza mecânica podem gerar rubor. Exposição solar, crises emocionais, entre outros, também podem agir como rubefascientes. É comum que assuma a forma de lesão em carimbo ou com assinatura. Isto permite a identificação do tipo de objeto que foi causador da vermelhidão.

– Escoriação: diz respeito à perda da camada mais superficial da pele (*córion*), provocada pela abrasão da mesma, decorrente de atrito de objeto de superfície áspera, como asfalto, lixa etc.

– Equimose: neste caso temos rompimento de pequenos vasos sanguíneos, com consequente extravasamento de sangue, infiltrando de forma difusa as malhas do tecido circundante. Também pode ser provocada por uma vasodilatação mais importante. Exemplos disto são as manchas arroxeadas do tipo "chupão" ou mesmo as infiltrações que surgem sob as pálpebras algum tempo após traumatismos cranianos. No entanto, tais lesões não se iniciam com a cor arroxeada, mas sim avermelhada e evoluem passando para o roxo, verde, amarelo, castanhado e, enfim, somem. A esta variação de cor dá-se o nome de espectro cromático equimótico. Entre o surgimento e o desaparecimento deste tipo de lesão teremos transcorridos entre 12 a 21 dias. Portanto, tal informação é de extrema importância para a compreensão do tempo estimado de evolução da equimose, bem como para se saber se uma determinada pessoa está sendo vítima de maus tratos de forma continuada, quando diversos estágios da lesão são encontrados numa mesma vítima. Importante ressaltar que nem só os traumas de natureza mecânica são capazes de produzir as equimoses. Crises nervosas, uso de

anticoagulantes e doenças do sangue também podem, como já explicado anteriormente, determinar o surgimento de tais lesões.
- Hematomas: são coleções sanguíneas localizadas, decorrentes de rompimento de vasos mais calibrosos. São, portanto, verdadeiras cavidades cheias de sangue extravasado dos vasos. Por trás de si existem partes moles e não planos ósseos.
- Bossas sanguíneas: são estruturalmente semelhantes aos hematomas, porém localizados em regiões onde há resistência óssea, como na calota craniana, por exemplo. São os populares "calos" ou "galos" de sangue. Vejamos esquematicamente as diferenças entre os hematomas e as bossas:

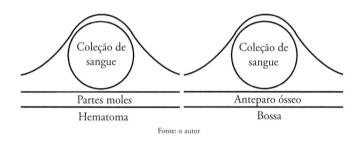

Fonte: o autor

- Rupturas de órgãos ou vísceras: determinados órgãos estão mais expostos ao risco de se romperem por causa das contusões. O fígado, os rins, o baço e a bexiga são bons exemplos disso. Todos possuem uma fina capa (membrana serosa que os envolve) e podem se romper em um tempo ou em dois tempos. Quando a ruptura é em um só tempo, significa que o órgão e sua cápsula foram rompidos de uma só vez e o quadro é mais grave e o socorro deverá vir com muito mais urgência. O risco de morte é iminente (perigo de morte). Nos casos em que o parênquima do órgão sofre uma pequena ruptura e a cápsula se mantém intacta, se rompendo somente algum tempo depois, dizemos que houve ruptura em dois tempos. Aqui há um melhor prognóstico e o socorro poderá demorar um pouco mais – embora nem tanto – para ser executado. Este tempo estará em relação direta com a intensidade da lesão do parênquima. Com o passar do tempo haverá o acúmulo de sangue sob a cápsula que, não suportando o volume do hematoma formado, se romperá em um segundo tempo, podendo determinar a morte da vítima. A velocidade de socorro, em ambos os casos, é determinante para a sobrevivência da vítima. Vejamos isto de forma ilustrada, valendo-nos do fígado como órgão sujeito a estes rompimentos:

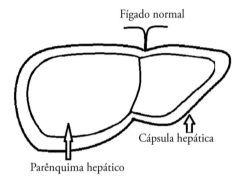

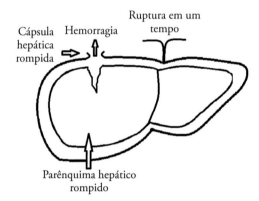

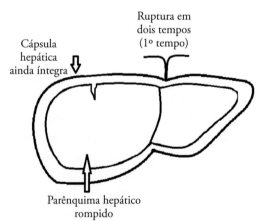

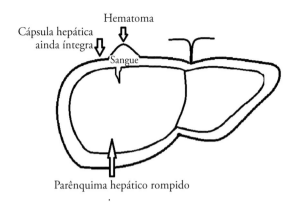

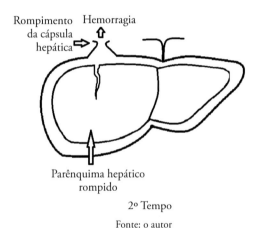

2º Tempo
Fonte: o autor

– Fraturas: são as quebraduras, tanto de ossos quanto de cartilagens e de dentes. Há quem advogue a possibilidade de fratura de pênis, mesmo sendo ele formado por tecidos moles, porém eréteis por mecanismo de bomba hidráulica (sanguínea). Em relação aos ossos, temos como possibilidades as fraturas expostas e as não expostas. As expostas podem ser completas (desalinhadas) ou incompletas ("em galho verde"). A figura abaixo ilustra os diferentes tipos de fraturas.

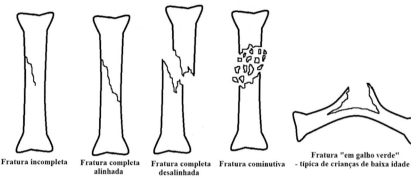

Fonte: o autor

- Luxações: são deslocamentos de junturas articuladas, ditas sinoviais (ombro, queixo etc.) ou mesmo de órgãos (rim, por exemplo). Assim, haverá a saída da articulação ou do órgão de sua posição de origem.

- Entorses: são torções de articulações sinoviais, com maior ou menor comprometimento do sistema ligamentar das mesmas. Entorse é palavra feminina, portanto, deve-se dizer a entorse.

Visto isso, cabe falar de um tipo juridicamente especial de lesão: o ferimento por projétil de arma de fogo (PAF). Inicialmente, devemos entender que não é a arma em si a causadora das lesões – a menos que a mesma, como já citamos anteriormente, seja usada como instrumento contundente –, mas apenas a propiciadora do mecanismo de propulsão para os projéteis. Nem tampouco as balas, chamadas de munição ou carga, são as geradoras das lesões a serem discutidas nesta parte. Vejamos o porquê: uma munição (bala) é composta de um cartucho (estojo ou cápsula) com a espoleta (escorva), a bucha (a qual separa a pólvora do projétil e comum em cartuchos de espingardas ou escopetas), a pólvora e o projétil, sendo este último o objeto vulnerante em si. Lógico que, dependendo da distância do disparo, os gases liberados pela combustão da pólvora, a chama, fragmentos da própria bucha e resíduos de pólvora também poderão gerar lesões de menor importância quanto à gravidade das mesmas. Assumem, no entanto, grande importância pericial.

Vejamos, por meio de ilustração, as composições das balas e dos cartuchos:

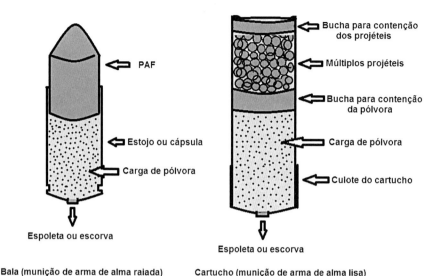

Fonte: o autor

Há uma variação na forma como os projéteis são instalados no cartucho, havendo os que são múltiplos (chamados popularmente de chumbos e usados em cartucheiras ou espingardas), os quais irão apresentar uma tendência à separação, quanto maior for a distância percorrida depois do tiro, antes que atinjam o alvo; e os únicos, como vemos em armas do tipo revólver, pistola, *Flaubert* (popularmente conhecida como "filobé"), carabinas, fuzis etc.

Um fato é comum a todos os projéteis: todos eles podem funcionar como objetos pérfuro-contundentes, sendo construídos de chumbo nu ou revestidos por níquel ou por outras ligas metálicas. No caso dos projéteis únicos, mais comumente envolvidos em homicídios, temos que sua ação se dá tanto por pressão quanto pela compressão e descompressão resultante do giro que tal objeto faz em torno de seu próprio eixo. Este giro é resultado da passagem do projétil pelas raias existentes no interior da câmara do cano da arma.

Essas raias provocam as impressões primárias da arma, imprimindo sinais característicos no projétil. Mas, o mais importante no reconhecimento de uma arma, são as imperfeições de fabricação ou mesmo por desgaste do uso ou da má conservação da mesma, conferindo aos projéteis as estrias secundárias. Este conjunto de fatos deverá ser tomado em conta na perícia técnica de balística, para que se faça um laudo de reconhecimento do projétil e da arma que o propeliu.

Como já vimos antes, um projétil pode gerar uma lesão em calha nos casos de tiro de raspão ou se alojar num tecido muscular, cutâneo, adiposo ou ósseo, ou até mesmo penetrar uma cavidade ou transfixar parte do corpo. Então, um só projétil poderá determinar apenas um orifício de entrada ou um orifício de entrada e outro de saída, sendo possível a existência de alguns orifícios de entrada e de saída para o mesmo projétil. Isso é possível até mesmo em pessoas diversas, em que um mesmo tiro atinge duas ou mais vítimas.

O orifício de entrada é geralmente menor do que o de saída, apresentando borda invertida, enquanto o de saída se apresenta com borda evertida. Porém, conforme a distância de disparo podemos ter alterações nas características das mesmas.

Para melhor compreendermos acerca das lesões resultantes e em conformidade com a distância dos tiros, antes vejamos a ilustração referente aos elementos oriundos destes disparos com armas de fogo:

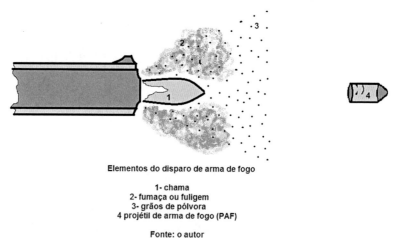

Elementos do disparo de arma de fogo

1- chama
2- fumaça ou fuligem
3- grãos de pólvora
4 projétil de arma de fogo (PAF)

Fonte: o autor

Vejamos algumas das características referentes à distância do disparo:
– Tiro de encosto: aqui todos os elementos provenientes do disparo serão "injetados" nos tecidos onde o projétil causou um orifício

de entrada.Então, os gases de combustão da pólvora, a fumaça, os restos de pólvora combusta e incombusta, os fragmentos da bucha (quando existentes) e o projétil se encontrarão todos dentro do corpo atingido. O orifício toma a aparência de uma cratera com as bordas voltadas para fora, por causa do levantamento de escape dos gases da explosão (câmara de mina de Hoffmann), caso haja anteparo ósseo no local afetado. Caso o tiro de encosto seja em local apenas com partes moles, teremos o Sinal de Puppe Werkgartner, que equivale à marca da boca do cano da arma e/ou de sua alça de mira tatuadas ao redor do orifício.

Também teremos na lesão a presença de alguns outros sinais quando o tiro de encosto for em região com anteparo ósseo. Vejamos:

a) Sinal de Bonnet – trata-se da fratura óssea circular com formação de uma espécie de funil com a parte mais alargada no lado oposto ao disparo.

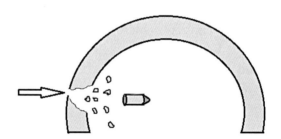

Passagem do PAF deixando atrás de si as esquírolas ósseas e o Sinal de Bonnet

Fonte: o autor

Com a fratura óssea "cacos" de osso (esquírolas ósseas) serão arremessados para o interior da cavidade craniana, no caso do exemplo ilustrado acima. Devemos nos lembrar que o Sinal de Bonnet não é exclusivo de tiros de encosto, podendo aparecer quando o disparo – de qualquer distância – afetar um plano ósseo.

b) Sinal de Benassi – é o esfumaçamento do osso ao redor do orifício de entrada nesta estrutura quando o disparo for feito de encosto.

– Tiro a curta distância: também chamado de tiro a queima-roupa. Neste tipo temos um orifício de entrada com forma ovalada ou arredondada, com borda invertida, orla de escoriação, orla de enxugo, zona de tatuagem, zona de esfumaçamento, zona de queimadura ou de chamuscamento, aréola equimótica e zona de compressão dos gases. Por orla de escoriação devemos entender o arrancamento da epiderme em torno do orifício de entrada, provocado pela rotação do projétil em torno de seu próprio eixo; por orla de enxugo devemos entender a marca geralmente escura que surge na borda da lesão, graças à limpeza das impurezas do projétil (graxa do cano, por exemplo) na sua passagem pela pele; a zona de tatuagem é resultante da impregnação dos grãos de pólvora combusta e incombusta que atingem a pele, marcando-a pelo calor (serve para determinar a distância do disparo); a zona de esfumaçamento é equivalente à deposição de fuligem em torno da ferida de entrada; a zona de queimadura corresponde à queimadura provocada pela liberação dos gases superaquecidos no disparo; a aréola equimótica é decorrente da sufusão hemorrágica causada pelo rompimento de pequenos vasos sanguíneos em torno da lesão de entrada; e a zona de compressão dos gases é fruto da depressão da pele em torno da lesão e só é vista por alguns instantes e no ainda vivo, desaparecendo em breve tempo. Vejamos em simplificadas ilustrações:

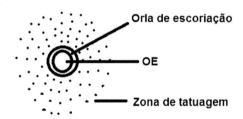

OE e sinais comuns aos tiros de curta
distância em que só a pólvora alcança o
entorno da lesão

Fonte: o autor

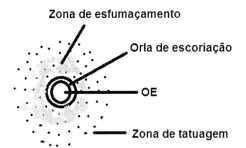

OE e sinais comuns ao tiro de curta
distância em que a pólvora e a fumaça
alcançam o entorno da lesão
Fonte: o autor

OE e sinais comuns ao tiro de curta
distância em que todos os elementos
alcançam o entorno da lesão
Fonte: o autor

Portanto, perceba-se que nem sempre todas as zonas estarão presentes, pois isto dependerá da distância enquadrada no alcance dos diversos elementos do disprao nos tiros de curta distância. Orifício de entrada, orla de escoriação e orla de enxugo deverão estar comumente presentes.

- Nos tiros a distância, a lesão apresenta a forma arredondada ou ovalar, a orla de escoriação, orla de enxugo, aréola equimótica e bordas invertidas. Falta-lhe, porém, a zona de tatuagem, a zona de esfumaçamento, a zona de queimadura e a zona de compressão dos gases.

A título de complementação do conhecimento, a conceituação de arma diz que elas são todos os instrumentos capazes de serem usados para ataque e/ou defesa. As armas próprias seriam aquelas construídas com a finalidade exclusiva de servirem para este fim. As impróprias se restringiriam àquelas que, não sendo armas próprias, fossem usadas de forma eventual para ataque e/ou defesa. Há doutrinadores que admitem que se uma arma imprópria (bastão de beisebol, por exemplo) for deixada à disposição para uso de ataque e/ou defesa passará a ser enquadrada como sendo uma arma própria. O grande problema é a prova pericial acerca do fato.

Quanto às armas de fogo, teremos aquelas de alma raiada (interior do cano com raias) e as de alma lisa (interior do cano sem tais raias). Se as raias girarem para a direita configurarão as armas como sendo dextrógiras. Se para a esquerda, sinistrógiras.

Quando as lesões se valerem de ações mistas para serem produzidas, deverão contemplar as ações que serviram de base para isto. Assim, se alguém tiver uma faca enfiada pela ponta em seu corpo estaremos diante de uma lesão pérfuro-incisa, pois será resultado de uma ação de perfuração aliada a um corte. Se houver uma contusão que apresente a abertura dos tecidos de forma concomitante, estaremos diante de uma lesão corto-contusa, oriunda de ações contundente e cortante associadas. E daí por diante.

Para finalizar esta parte de nossos estudos, devemos nos lembrar de que existem lesões que recebem nomes especiais. Por exemplo, teremos o esgorjamento, a degola e a decapitação. Ouseja: esgorjar é cortar na "gorja" (garganta). Assim sendo, esgorjar é cortar na garganta, na parte anterior e/ou lateral do pescoço. Degolar é cortar na "gola", parte posterior do pescoço ou nuca. E decapitar é cortar fora a cabeça, separando-a do corpo. Vejamos por ilustração simplificada:

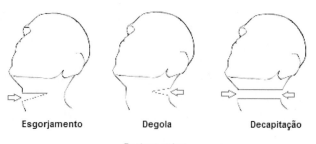

Fonte: o autor

CAPÍTULO 4
TRAUMATOLOGIA FORENSE | **55**

Para não se esquecer disto, basta lembrar que o pássaro quando canta gorjeia (usa a garganta) e que a gola da camisa se apoia na nuca. Também se lembre de que não é "decaptar", mas sim decapitar, sem "p" mudo.

2.2 Traumas de natureza física e as lesões decorrentes destes

Reforçando o já exposto, os traumas de natureza física envolvem o emprego de algum tipo de energia radiante. Estudemos, a seguir, as lesões provenientes desses traumas, com suas principais características:

1) Temperatura: tanto o frio quanto o calor podem causar lesões, observadas as suas variações e a resistência dos corpos em relação a eles. Também as variações bruscas, chamadas genericamente de choques térmicos, são causas possíveis de ofensa à integridade orgânica.

a) Alterações pela ação do frio: mais comumente relacionadas com acidentes, envolvem-se, apenas ocasionalmente, com homicídios e suicídios. Sua ação se dá pelo comprometimento do sistema nervoso, impondo sonolência, convulsões, delírios, comprometimento da sensibilidade e dos movimentos e letargia; congestão ou isquemia de órgãos ou membros, com consequente necrose dos mesmos ou de parte deles. As lesões localizadas podem assemelhar-se a queimaduras, variando desde leves (primeiro grau) a graves (quarto grau). O diagnóstico de morte pelo frio é de difícil execução e busca a observação de manchas vermelho-clara de decúbito (hipostase), sangue descorado, congestão de várias vísceras, anemia encefálica, pouca coagulabilidade sanguínea, junturas cranianas separadas (disjunção de suturas), espuma sanguinolenta nas vias aéreas, bolhas serosas na pele, semelhantes às que surgem nas queimaduras. As "queimaduras" pelo frio são denominadas de geladuras.

b) Alterações pela ação do calor: quando por ação difusa, temos que dois são os fenômenos básicos resultantes deste processo, a intermação e a insolação. No primeiro, o excesso de calor ambiente, em lugares confinados ou mal-arejados, é a fonte da ofensa; no segundo, o calor em locais abertos e a exposição aos raios solares é a causa das alterações. Em ambos os casos, as condições da vítima são bastante importantes na instalação do processo. Vestes inadequadas, tempo de exposição, doenças pré-existentes, excesso de atividade física e outras disfunções devem ser consideradas. Por ação de calor direto, as queimaduras surgem como consequências desta. A variação quantitativa é de extrema importância e segue uma tabela em que a profundidade da lesão é o ponto principal. Daí teremos:

— queimadura de primeiro grau: atinge apenas a epiderme, causando vasodilatação e consequente rubor local, não gerando destruição tecidual. Haverá um ardor bem importante associado à vermelhidão local;

— queimadura de segundo grau: ainda restrita à epiderme, além da vermelhidão e do ardor acentuado, apresenta a formação de bolhas serosas (resultado do extravasamento de plasma sanguíneo), de menor ou maior volume;

— queimadura de terceiro grau: afeta até os planos musculares e, na cicatrização, pode gerar deformidade da área afetada. Em geral, pode haver a ausência de dor por destruição das terminações nervosas livres responsáveis por tal sintoma;

— queimaduras de quarto grau: são representadas pela carbonização, local ou generalizada ou, mais acentuadamente, pela cremação, que se traduz pela transformação dos tecidos em cinzas cadavéricas. É importante lembrar que nestes casos teremos a dificuldade de determinação da identificação pelo método de investigação de DNA. Nos homens a próstata é bem resitente a estes processos, quando eles são incompletos. Nas mulheres o útero é o órgão a ser procurado nestes casos.

c) Alterações pela oscilação térmica brusca: como já o dissemos, são os choques térmicos. Possuem relevância nos casos de acidentes de trabalho, bem como nas doenças ocupacionais.

2) Eletricidade: existem dois tipos específicos de eletricidade capazes de provocar danos ao corpo humano: a natural e a artificial. Por natural entendam-se os raios, provenientes de descargas atmosféricas; por artificiais, aquelas produzidas por mecanismos fabricados pelas mãos humanas, como as hidroelétricas, por exemplo. Embora a ação seja semelhante sobre o organismo, a importância jurídica dos fatos é bem diferente. Vejamos:

a) Descargas de eletricidade natural (raios): geralmente causam queimaduras, ruptura de vasos e tecidos, hemorragias musculares e/ou internas, ruptura do coração, fluidez do sangue, comprometimento respiratório por alterações pulmonares, congestão de múltiplas vísceras e outros sinais menores. Se há a morte do indivíduo afetado, dizemos que houve fulminação. Se a vítima sobrevive, dizemos que houve fulguração. São acidentais na sua totalidade. Em ambos os casos podemos ter a presença do "Sinal em folha de samambaia", de aspecto arboriforme e de mecanismo ainda desconhecido e controverso (Sinal de Lichtenberg).

b) Descargas de eletricidade artificial: podem gerar lesões acidentais – na maioria dos casos, mas também estarem relacionadas com homicídio ou suicídio. Se não provoca a morte da vítima, configura a eletroplessão. Caso culmine com o óbito, diremos que aconteceu uma eletrocussão. As lesões podem ir de um grau mínimo, com comprometimento superficial da pele (localizadas, indolores, de bordas elevadas, com tendência a cura rápida e sem deixar cicatrizes, de pequeno tamanho e formas que variam de circular a estrelada, consistência endurecida, cor amarelo-pálida e centro deprimido, denominadas de Marcas elétricas de Jelinek), até mesmo ao extremo de ocorrer a carbonização de um corpo. A asfixia determinada pela parada respiratória, a parada cardíaca e a hemorragia intracraniana são os achados comuns que justificam a morte.

3) Radioatividade: a energia liberada pelos aparelhos de Raios X, pelo elemento químico rádio e pelas usinas atômicas (ou produtos destas, como o urânio enriquecido, por exemplo), são responsáveis por agressões e danos causados por descargas radioativas e radiológicas, as quais não se limitam a ofensas aos seres humanos, como também aos demais animais, plantas e meio ambiente, em geral. Nos casos de acidentes, assumem grande importância jurídica, cabendo processos legais sobre os responsáveis pela produção e guarda de tais produtos, além da manutenção das instalações que se prestam ao confinamento seguro de tais energias. Como lesões, podemos ter desde simples queimaduras a comprometimentos severos, como cânceres, carbonização e morte por outras alterações. Lembremo-nos de que Iroshima, Nagasaki, Fukushima e Chernobyl se configuraram como situações em que ocorreu o emprego de energia

nuclear (radioatividade propriamente dita). O caso do Césio 137 envolveu energia radiológica e foi o maior acidente desta natureza no mundo.

4) Pressão atmosférica: as ofensas podem se dar pela diminuição ou pelo aumento desta pressão. No caso de diminuição, temos que o indivíduo se encontrará em grandes altitudes, onde o ar rarefeito influencia as trocas gasosas pela baixa concentração de oxigênio e gás carbônico. Caso a subida se dê de forma lenta e gradual, o organismo tende a acomodar-se, produzindo um aumento de glóbulos vermelhos, o qual compensará a pobreza de oxigênio do ar respirável. Os sintomas do chamado "Mal das montanhas" incluem falta de ar, náuseas, taquicardia, torpor e até perda da consciência. No caso do aumento, teremos o oposto. Os indivíduos se encontrarão em regiões mais profundas, como em túneis subterrâneos ou em prática de mergulhos de profundidade. A compressão decorrente de tal processo acarreta uma intoxicação pelos gases normais da corrente sanguínea. No momento da volta (ato de emergir), caso não se processe de forma adequada, lenta e gradual, teremos a descompressão súbita, gerando uma dissolução dos gases, provocando embolias. As embolias assim geradas são referentes a estes barotraumas e ocorrem pela maior concentração relativa de gases no sangue. Em geral, este tipo de problema diz respeito a acidentes de trabalho.

5) Luz e som: acidentes com o envolvimento de energia luminosa são pouco frequentes, embora aconteçam com soldadores desprotegidos pela falta de uso de óculos especiais. O envolvimento em crimes é praticamente nulo em nossos dias, tendo sido importante na época da repressão militar, na qual, por tortura, incidia-se luz direta nos olhos dos torturados. Quanto à energia sonora, temos que os ouvidos humanos não suportam volumes com frequência acima dos 20.000 ciclos ou 85 decibeis. Doenças ocupacionais, como em telefonistas e funcionários de casas de shows, por exemplo, representam a maior importância desse tipo de ofensa. Acidentes também são possíveis, como em caso de explosões. Zumbidos perenes, disfunções com diminuição ou perda total da acuidade auditiva e comprometimento do labirinto, com vertigens, dores de ouvido e perda da discriminação da fala, são

consequências possíveis nesses casos. A exposição deve ser por períodos mais longos, sob regime superior à capacidade humana de suportar o som.

6) Atualmente, tem-se notado uma importância crescente em relação aos acidentes envolvendo aparelhos celulares e de micro -ondas. Ambos podem, teoricamente, representar risco de danos ao organismo, uma vez que também envolvem o uso de energia radiante. Noticiários nos informam de casos de queimaduras e vários boatos circulam a respeito das possibilidades de outros danos, como tumores, por exemplo. Mas tudo isso ainda carece de maiores pesquisas e comprovações. Lembrar-se de que para agirem, os aparelhos de micro-ondas aceleram as partículas de água daqueles alimentos ou objetos que contenham água. Portanto, é perfeitamente compreensível que se uma pessoa se expuser a um vazamento das micro-ondas em aparelhos com defeitos de vedação a queimadura será possível.

2.3 Traumas de natureza química e as lesões decorrentes destes

Estudam-se aqui as substâncias capazes de provocar danos ao organismo humano, seja por ação química. Podem ser ácidos, bases, medicamentos ou venenos. Estes dois primeiros constituem um grupo à parte, denominado de cáusticos.

– Cáusticos: são substâncias químicas capazes de provocar queimaduras pelo contato. Podem apresentar efeito coagulante ou liquefaciente. Os de efeito coagulante provocam alterações por desidratarem os tecidos, numa espécie de queimadura local seca. Além de gerarem escaras endurecidas, alteram a cor normal do tecido afetado. É exemplo clássico dos mesmos o nitrato de prata, o qual é utilizado na cura de lesões umbilicais. Os liquefacientes são capazes de gerar queimaduras úmidas, como as bases, ou secas, como no caso dos ácidos, ambas provocando lesões mais profundas, dependendo da concentração de tais produtos. Como exemplo de base tem-se a soda, enquanto o ácido sulfúrico exemplifica bem o outro grupo. Independentemente do tipo, os ácidos podem assumir importante papel na perícia médico-legal, haja vista o uso ocasional em crimes em que o agressor utiliza-se dessas substâncias com a intenção deliberada de desfigurar sua vítima. A isso chamaremos de vitriolagem. Trata-se, portanto, de crime sempre doloso, não cabendo a figura culposa. Cabe-nos reforçar que qualquer tipo de ácido forte, e não só o sulfúrico, pode ser utilizado para o cometimento do crime de vitriolagem. Portanto, para ser vitriolagem o agente agressor precisa jogar ácido na face de alguém com a intenção deliberada de desfigurá-lo.

– Venenos: há uma máxima em Medicina que diz: "todo remédio é veneno, todo veneno é remédio; a dose faz a diferença". Primeiramente temos que saber que remédio é termo genérico e que se refere a qualquer tipo de tratamento, nem só os medicamentosos. Portanto, melhor seria dizer que "todo medicamento é veneno, todo veneno é medicamento; a dose faz a diferença!" Mas, lógico que não é só isso, uma vez que a ação terapêutica ou deletéria depende também de outros fatores, diversos da dose, envolvendo o produto e o seu usuário. Assim, pessoas com problemas renais podem apresentar surdez quando usam medicamentos ototóxicos, mesmo em doses habituais, mas que são, no entanto, de excreção renal. Fica, por vezes, difícil definir veneno, em vista de tantas variáveis que envolvem tal processo. Quanto à origem, podem ser naturais, semissintéticos ou sintéticos, de origem animal, vegetal ou mineral; quanto ao estado físico, podem ser sólidos, líquidos, pastosos ou gasosos; quanto ao fim a que se prestam, podem ser agrotóxicos, medicinais, cosméticos, de uso doméstico ou industrial; quanto à função química, podem ser óxidos, bases ou sais de funções inorgânicas, álcoois, acetonas, hidrocarbonetos, ácidos e outros de funções orgânicas. São comumente envolvidos em casos de acidentes, mas assumem enorme importância na infortunística, nos homicídios e suicídios.

Importante lembrar que todo medicamento possui uma dose considerada terapêutica e outra tóxica. A distância entre tais doses (intervalo de segurança) nos informa acerca da sua segurança de uso. Quanto maior for esta distância entre as doses terapêutica e tóxica, mais seguro será o remédio. Quanto menor, maior o risco que representa. Como já o dissemos, variáveis devem ser analisadas, como resistência do organismo, interação medicamentosa, prazo de validade do produto, comprometimentos de rins ou de fígado, reações alérgicas, etc. Sobre o intervalo de segurança podemos exemplificá-lo dizendo que as penicilinas possuem a dose tóxica bem distante da dose terapêutica. Portanto, não é comum ocorrer uma intoxicação com tais medicamentos. Já a estricnina apresenta a dose tóxica muito próxima da dose terapêutica. Desta forma, irá se comportar como um potente veneno, embora em doses adequadas (porém, mínimas e muito inseguras para uso humano) funcione como um potente cardiotônico. Vejamos no esquema seguinte a representação gráfica do intervalo de segurança:

Dose terapêutica ——————————————————— Dose tóxica

Intervalo de segurança

2.4 Traumas de natureza físico-química e as lesões decorrentes destes

Os traumas de natureza físico-química e as alterações decorrentes destes configuram as asfixias em geral, nas quais as alterações se darão na composição sanguínea relativa aos gases desta, gerando aumento da acidez do mesmo ou a sua alcalinização. Ao fim das contas, os principais danos são verificados em relação ao sistema nervoso central, provocando a morte neuronal com consequente perda de funções vitais, mais ou menos importantes, dependendo da extensão e duração da privação de ar para o encéfalo. O que está bem claro é que, por volta de cinco minutos, em condições normais, tal privação já compromete tal sistema, causando-lhe danos. Após uns quinze minutos, esses danos já podem determinar morte encefálica. Há, lógico, casos excepcionais, como em mergulhadores profissionais, em acidentados em região de baixa temperatura e alguns bebês, em que serão suportados maiores períodos de privação do oxigênio.

As asfixias podem ser divididas em:

– asfixia por confinamento: dá-se pela permanência de um ou mais indivíduos fechados em ambientes onde não seja possível a renovação do ar ali presente. O consumo progressivo do oxigênio, sem sua respectiva reposição, é a causa de tal processo;

MEDICINA LEGAL
LEONARDO MENDES CARDOSO

- asfixia por monóxido de carbono: dá-se pela competição entre o monóxido de carbono com o oxigênio, no que diz respeito ao transporte destes pela hemoglobina. Sinal claro desse tipo de acontecimento é a tonalidade rósea clara assumida pela pele da vítima, bem como a rigidez precoce do cadáver;
- asfixia por sufocação: pode se dar por ação direta ou indireta, privando as vias aéreas da entrada de ar, ou seja, ocorre por verdadeira obstrução. Aquelas por ação direta, acidentalmente, podem ocorrer por aspirações de corpos estranhos e, criminosamente, necessitam do uso de força desproporcional entre agressor e vítima. Aquelas de forma indireta, ocorrem por meio do impedimento dos movimentos inspiratórios e expiratórios, como nos casos acidentais, em que multidões se apertam em áreas de tamanho restrito ou naqueles em que, de forma criminosa, uma pessoa senta-se sobre o tórax de outra, impedindo-a de respirar.

Asfixias existem, acidentalmente, por suicídio ou por homicídio, em várias formas, como nos soterramentos, afogamentos, estrangulamentos, enforcamentos e esganaduras. Sobre estas três últimas, cabe ressaltar que se diferenciam pelos seguintes aspectos:

a) Enforcados sofrem danos causados pela constrição do pescoço por meio da força aplicada pelo peso do próprio corpo que pende sob o laço. O sulco formado é mais profundo na parte oposta ao nó e tem sentido obliquado, estando geralmente interrompido no ponto próximo ao nó. Podem existir enforcamentos típicos, quando o nó do laço é posicionado na parte da nuca; e atípicos, quando o nó assume posição diversa da anteriormente exposta. Ainda mais, podem ser por suspensão completa, quando nenhuma parte do corpo é sustentada e os pés ficam sem tocar o chão; e por suspensão incompleta, quando alguma parte do corpo é sustentada em algum lugar do ambiente (solo, cama, mesa, banco etc.). A trama do material usado na confecção do laço deixará marcas (impressões) capazes de serem analisadas na identificação deste material utilizado. É comum haver a exposição da língua por protrusão da mesma, uma vez que a sua base estará pressionada pelo laço. Também podemos ter olhos esbugalhados e injetados, assim como uma roxidão facial.

CAPÍTULO 4
TRAUMATOLOGIA FORENSE | **63**

b) Estrangulados apresentam os danos decorrentes de força aplicada por outrem ou diversa do peso do próprio corpo da vítima, dependendo da desproporção de forças entre agressor ou agente e vítima. Além disso, o sulco deixado é horizontalizado e regularmente ininterrupto. Há quem advogue que o uso de partes corporais – braços e pernas, por exemplo – para este tipo de ação deva ser entendida como esganadura e não como estrangulamento.

c) Por fim, as esganaduras completam os mecanismos de asfixia. Nestas, encontramos a ação provocada pelo uso das mãos do agressor em torno do pescoço da vítima. Tratam-se, portanto, de casos invariavelmente de homicídios. Acidentes e suicídios desta forma são impossíveis. Marcas ungueais podem ser encontradas e, quando existentes, são determinantes na identificação deste processo.

2.5 *Traumas de natureza bioquímica e as lesões decorrentes destes*

Nos traumas de natureza bioquímica e nas alterações decorrentes destes, enquadram-se a inanição, as carências dos elementos nutricionais, as intoxicações alimentares, as autointoxicações e as infecções. Vejamos cada uma dessas condições, com suas respectivas importâncias jurídicas:

– inanição: é decorrente da falta de alimentação, na qual ocorre a privação do indivíduo dos elementos nutricionais básicos à sua sobrevivência, tais como as proteínas, gorduras e açúcares. Pode se dar de forma acidental, voluntária, culposa ou criminosa. Nos acidentes, quando o indivíduo fica preso em locais nos quais não possa ter acesso aos alimentos; nas formas voluntárias, caracterizadas pelas greves de fome; nas culposas, em que pessoas são negligenciadas, como no caso de idosos ou crianças; e, mais raramente, de forma criminosa, em que pessoas sofrem deliberadamente a privação de liberdade com corte da oferta de alimentos. Neste último caso, é o que acontece com bebês abandonados em locais onde não possam ou tenham dificuldade de serem encontrados e em alguns sequestros;

– doenças carenciais: decorrem da alimentação insuficiente, faltando ao indivíduo, sobretudo, as vitaminas e outros elementos, tais como o ferro e o cálcio. Ocorrem mais por negligência dos cuidadores e por causa da falta de recursos em obter fonte suficiente de nutrição;

- intoxicações alimentares: acontecem pela ingestão de alimentos malconservados ou propositadamente contaminados com substâncias ou micro-organismos capazes de afetar o funcionamento orgânico. Incluem-se aqui os choques alérgicos. Se geradas por vontade ou por falta de escrúpulo de alguém, são de ordem delituosa. Isso acontece com pessoas que colocam alimentos à venda, com prazo de validade vencido, por exemplo;
- autointoxicações: são alterações decorrentes da ingestão de certos alimentos, cuja biotransformação redunda na formação de substâncias nocivas ao organismo. É o que se dá nas ingestões de alimentos que formam ácido úrico em pacientes com gota (hiperuricemia), por exemplo;
- infecções: são contaminações de pessoas por micro-organismos capazes de produzir alterações que comprometam seu estado de saúde. Pode-se dar por acidente, como no caso de pessoal que trabalha em área laboratorial (hepatite, por exemplo); por negligência, como no caso de pessoas que, por não se protegerem com preservativos durante o ato sexual, contaminam-se com alguma das doenças sexualmente transmissíveis (DST), inclusive a AIDS; ou mesmo por ação dolosa, como no caso de pessoas que, sendo acometidas por doenças ligadas à Síndrome da Imunodeficiência Adquirida, saem a disseminar a doença em outras pessoas com agulhas contaminadas. Vale lembrar que as doenças infecto-contagiosas são de notificação compulsória por parte do médico que a diagnostica, incorrendo, no caso de não fazê-lo, em crime de omissão.

2.6 Traumas de natureza biodinâmica e as lesões decorrentes destes

Nos traumas de natureza biodinâmica e as lesões decorrentes destes, encontram-se os choques – sépticos, hipovolêmicos, anafiláticos, neurogênicos, cardiogênicos –, e a falência múltipla de órgãos. Por choque entenda-se uma resposta do organismo perante uma agressão externa, com a intenção de proteção contra os efeitos danosos que a mesma possa provocar. Nesse processo, teremos a liberação de substâncias – corticoides, noradrenalina etc., desencadeando uma alteração em nível da microcirculação sanguínea, com a função de manter o fluxo cerebral e coronário. Isso acaba

CAPÍTULO 4
TRAUMATOLOGIA FORENSE | **65**

por gerar uma má perfusão de alguns tecidos que, ao fim do processo, podem apresentar morte celular. Com a vasodilatação, que normalmente ocorre, teremos um maior espaço para a contenção do sangue circulante e uma consequente queda dos níveis da pressão arterial. Esta hipotensão arterial é um dos principais sinais do choque.

Por falência de múltiplos órgãos (não usar a expressão "falência múltipla de órgãos") devemos entender uma disfunção generalizada dos diversos órgãos, com graves alterações bioquímicas. Surgem daí a hipotensão arterial, taquicardia, insuficiência respiratória aguda e alterações do ritmo cardíaco como principais sinais desta condição gravíssima. Como se pode notar, a biodinâmica do organismo se encontrará afetada em ambas as situações anteriormente explanadas.

2.7 Traumas de natureza mista e as lesões decorrentes destes

Com os traumas de natureza mista e as lesões decorrentes destes, por fim, encerramos o estudo dos diversos traumas e de suas naturezas, buscando compreender que, deste termo "natureza mista", não se pode entender a soma de todas as outras naturezas anteriormente estudadas, mas tão somente da associação das energias de ordem bioquímica e biodinâmica. Encerram-se neste quadro a fadiga, as doenças parasitárias e as lesões decorrentes de maus tratos, como em geral acontece nos casos de tortura. A fadiga caracteriza-se pelo excesso de esforço físico, impondo ao organismo um rompimento do equilíbrio de seu funcionamento normal. Tal condição pode estar vinculada aos problemas trabalhistas, principalmente. As parasitoses encontram-se mais relacionadas com negligência nos cuidados com crianças e idosos. Já os maus-tratos relacionam-se mais intimamente com a esfera penal.

Encerrando o estudo da Traumatologia Forense, apesar de não esgotá-lo, devemos entender alguns conceitos básicos indispensáveis:

a) Nexo causal: trata-se da relação direta do dano com a sua causa. Isto equivale a dizer que, de forma inquestionável, a causa da origem do dano tem relação direta com o trauma imposto. Portanto, a causa seria aquilo que leva ao resultado imediato, ou seja, ao efeito danoso.

b) Concausa: são fatores pré-existentes ou supervenientes, que se somam à causa primária, modificando o curso natural do resultado esperado para tal agressão. Como exemplo, podemos citar o caso de um homem que, não sabendo que uma pessoa sofra de hemofilia, a fere de forma naturalmente não mortal, mas que, por causa da doença de base, esta venha a falecer (concausa pré-existente); ou no caso de uma pessoa que esfaqueia outra também de forma não mortal, mas esta venha a óbito por causa de um tétano causado pela contaminação da ferida (concausa superveniente).

c) Culpa: caracteriza-se pela falta da intenção, por parte do agressor, em causar um dano a outrem. Configura-se principalmente por negligência, imprudência ou imperícia. Tais características enquadram-se nos modos da culpa. Assim, um, dois ou três dos elementos devem estar presentes.

d) Dolo: é intenção, é uma condição na qual exista a vontade da prática e da obtenção de um resultado danoso para a vítima por parte do agressor.

e) Preterdolo: é a condição onde exista dolo no antecedente e culpa no consequente. A lesão corporal seguida de morte caracteriza bem esta condição.

f) Dolo eventual: implica em assumir um risco, desde que o mesmo seja conhecido ou esperado.

g) Não se quantificam as lesões em leves, graves ou gravíssimas, exceto nos casos dolosos. Mesmo assim, esta classificação é puramente médico-legal e não propriamente jurídica. Com a reforma do Código Penal que está em estudo deveremos ter a classificação em lesão grave de primeiro grau, grave de segundo grau e grave de terceiro grau. É o que parece que irá acontecer.

Ao fim desta obra, encontram-se anexados, para consulta, os diversos tipos de relatórios médico-legais disponíveis nos IMLs, relacionados à Traumatologia Forense, tais como os laudos de exame cadavérico, de lesões corporais, de atentado ao pudor e de conjunção carnal.

3. BREVE COMENTÁRIO ACERCA DA LEI MARIA DA PENHA

Denominada de Lei Maria da Penha, a Lei n. 11.340/2006 foi decretada em 07 de agosto de 2006 pelo Congresso Nacional e sancionada pelo presidente do Brasil, Luiz Inácio Lula da Silva, e impõe maior rigor às punições das agressões em âmbito doméstico ou familiar perpetradas contra a mulher. Passando a vigorar a partir do dia 22 de setembro de 2006, já no dia seguinte foi usada num primeiro caso, em que o agressor acabou preso após tentar estrangular a ex-esposa. Tal fato se deu no Rio de Janeiro.

Maria da Penha Maia Fernandes era parte integrante do caso de n. 12.051/OEA e em sua homenagem a edição da Lei n. 11.340 recebeu seu nome. Tal pessoa havia sido vitimada pelo marido por consecutivos seis anos. Ele tentou assassiná-la, em 1983, por duas vezes. Na primeira, valendo-se de uma arma de fogo, deixou-a paraplégica; na segunda, empregou métodos ainda mais cruéis, tentando matá-la por eletrocussão e afogamento. O agressor em foco só foi punido depois de 19 anos de julgamento, tendo ficado por apenas dois anos em regime fechado.

O Centro pela Justiça pelo Direito Internacional (CEJIL) e o Comitê Latino-Americano de Defesa dos Direitos da Mulher (CLADEM), em conjunto com a vítima, formalizaram uma denúncia à Comissão Interamericana de Direitos Humanos da OEA por ser este um órgão internacional responsável pelo arquivamento de comunicações decorrentes de violação desses acordos internacionais.

A partir de então, alterou-se o Código Penal brasileiro, criando-se condições para que agressores de mulheres, no âmbito doméstico ou familiar, sejam presos em flagrante ou tenham sua prisão preventiva decretada. Outra alteração significativa foi a de que tais agressores não mais poderão ser beneficiados com a aplicação de penas alternativas, havendo também um aumento do tempo de detenção de um para três anos. Além do exposto, a Lei Maria da Penha prevê medidas protetivas, que incluem desde a saída do agressor do domicílio até a proibição de sua aproximação da mulher agredida e de seus filhos.

Capítulo 5

SEXOLOGIA FORENSE

Temos duas intenções básicas quando nos propomos a estudar a Sexologia Forense: a primeira diz respeito ao estudo dos transtornos da sexualidade, os quais se caracterizam pela alteração da quantidade ou da qualidade do ato sexual em si; a segunda se refere à análise das perversões sexuais, em que o problema é mais acentuado ao ponto de configurar-se como algo inaceitável pela sociedade. E, neste sentido, é sempre importante a contextualização de cada caso, pois mudanças sociais e culturais podem exercer forte influência na forma como as pessoas enxergam tais situações. Exemplificando, o sexo oral deveria ser tido como um transtorno, porém ninguém mais se escandaliza por saber que um casal o pratica habitualmente; já em relação à pedofilia – prazer e preferência pela manutenção do ato sexual com crianças, cujos caracteres sexuais secundários ainda não se desenvolveram, não se pode afirmar o mesmo. Portanto, o sexo oral configuraria apenas um transtorno que, sendo realizado por comum acordo entre ambas as partes, é tido como aceitável, enquanto a pedofilia se enquadra no rol das perversões, gerando repulsa em quase a totalidade da sociedade.

Poderíamos simplificar o acima exposto afirmando que "toda perversão é um transtorno, mas nem todo transtorno é uma perversão". Então, sexo oral, sexo anal, exibicionismo, pedofilia, homossexualismo, coprolalia, sadismo, masoquismo, necrofilia etc. são todos eles transtornos da sexualidade, mas destes, apenas a pedofilia, o sadismo, o masoquismo e a necrofilia poderiam ser realmente tidos como perversões. Ao estudarmos cada um desses transtornos, nos aprofundaremos nesta análise e os relacionaremos com a criminologia.

MEDICINA LEGAL
LEONARDO MENDES CARDOSO

Dividiremos este capítulo, para maior compreensão didática, em duas partes: a que diz respeito aos transtornos e perversões sexuais e a que tratará dos crimes contra a liberdade sexual. Então, vejamos.

1. ACERCA DOS TRANSTORNOS E DAS PERVERSÕES DA SEXUALIDADE

São várias essas situações, porém nem todas de importância forense. Assim é, por exemplo, o que acontece com o narcisismo, em que o indivíduo se autoadmira a ponto de promover um culto exagerado à própria figura. Nesse caso, em geral, não teremos a relação desse desvio de comportamento com o mundo do crime. O mesmo já não se pode dizer da masturbação que, se praticada em público (e com intenção consciente), configura ultraje público ao pudor. Veja que o termo "intenção consciente" quer deixar de fora os indivíduos com comprometimento mental, como acontece com os oligofrênicos, por exemplo. No entanto, alguns transtornos, mesmo não se correlacionando com a Criminologia, podem ter importância jurídica por representarem condições que interferirão na estabilidade das relações conjugais, terminando em processos de separação e divórcio.

Encontraremos dois tipos de transtornos da sexualidade: os que envolvem alterações da quantidade e os que envolvem alterações da qualidade do ato sexual. Estudemos cada grupo:

a) Alterações doentias da quantidade

a.1 – por aumento ou exaltação:

- Erotismo masculino – corresponde ao satirismo, condição em que o homem apresenta ereção, ejaculações e ardor sexual excessivos. Há uma tendência abusiva aos atos sexuais com a necessidade da autoafirmação da masculinidade, o que faz com que o indivíduo afetado viva tentando demonstrar seu poderio na área em questão.

- Erotismo feminino – corresponde à ninfomania. Aqui há uma tendência doentia de uma mulher não satisfazer o seu apetite sexual, o qual é descontroladamente demonstrado. Isto leva à possibilidade de escândalos, prostituição e envolvimento com crimes.

- Masturbação – dá-se pelo impulso obsessivo à autoexcitação da genitália. É ato sexual solitário e preferencial. Em certas condições (adolescência, isolamentos, população carcerária, impossibilidade de manutenção de atos sexuais com o(a) parceiro(a)...) pode até ser considerado normal e aceitável, mas na fase adulta e em substituição preferencial pelo ato sexual fisiológico, em geral, encontra-se relacionada às psicopatias. Os deficientes mentais e os esquizofrênicos têm igualmente uma tendência a esta prática.

a.2 – por diminuição:

- Impotência: caracteriza-se pela diminuição do instinto sexual no homem, levando-o a não procurar uma parceira ou, especialmente sua parceira, para a manutenção da cópula. É também citado como "anafrodisia" e guarda relação com a anulação de casamento, desde que decorrente de defeito físico irremediável anterior e desconhecido à época da contração das núpcias. Não se trata de condição ocasional, mas de impossibilidade permanente. Nem tampouco diz respeito aos casos nos quais sejam possíveis as terapias (implante de próteses ou uso de excitantes químicos, por exemplo) – como ocorre no diabetes, mas tão somente nos casos em que o apetite sexual inexiste. Não basta a ereção sem o apetite, nem mesmo o apetite sem ereção; se bem que neste último caso as terapias são importantes aliadas.

- Frigidez: é a falta de apetite sexual nas mulheres. No entanto, às vezes, o ato pode até ser consumado, mas sem que a mesma tenha prazer naquilo que esteja fazendo. A realização acaba se dando por obrigação, mas de maneira automática e fria. Também pode envolver casos de separações matrimoniais ou até mesmo de traições conjugais, tendo em vista a possibilidade de a mulher julgar que o esposo não é estímulo suficiente. Assim, a busca de outros parceiros tende a ocorrer.

- Amor platônico ou erotomania: é sempre de caráter doentio e processa o sentimento amoroso de forma extremada, comprometendo o cotidiano da pessoa afetada. Não depende de correspondência da outra parte e resulta de coisas simples como gestos e olhares que encantam morbidamente o indivíduo. Pode-se dar de forma solitária, sem a manifestação do sentimento para a pessoa amada ou mesmo de forma indiscreta, intransigente e persecutória, podendo o(a) amante matar-se ou matar o(a) amado(a).

b) Alterações doentias da qualidade

b.1 – por inversão:

- Homossexualismo masculino: também chamado de uranismo ou pederastia, compreende os casos em que, embora seja o corpo definidamente masculino, o apetite sexual é voltado para pessoas do mesmo sexo. Trata-se, portanto, de transtorno da identidade sexual, em que o próprio indivíduo se vê como mulher e, na alma, se sente mulher. Nem sempre a aparência é afeminada, podendo existir casos em que a virilidade está acima de quaisquer suspeitas. Várias são as suas causas, todas, no entanto, associadas com alterações da conduta e da afetividade. Vale lembrar que ninguém decide ser homossexual por modismo ou por curiosidade, uma vez que o ônus social é bastante grande em nossa cultura. É, portanto, um transtorno da preferência sexual. Mais importante é anotar que tal transtorno já foi considerado como doença que até mereceu codificação no CID – Código Internacional de Classificação de Doenças. Por questões de evolução da análise comportamental não mais seria correto considerar tal condição como sendo mórbida. Também há uma preferência corrente pelo uso do termo homossexualidade, tendo em vista que o sufixo "ismo" nos remete ainda a algo doentio. Portanto, não há concordância atual com a classificação da homossexualidade como sendo alteração doentia da qualidade.

- Homossexualismo (homossexualidade) feminino: também chamado de safismo, tribadismo ou, mais comumente em nosso meio, lesbianismo, traduz-se pela preferência de uma mulher em manter relações exclusivas com outra. Nem sempre se manifesta de forma tão explícita, podendo se expressar apenas como amizade incondicional, ciúmes ou protecionismo. Como no caso anterior, nem sempre a aparência será masculinizada, podendo haver mulheres delicadas e tão meigas que ninguém jamais desconfiaria que pudessem se comportar como homossexuais. Várias são as causas de tal transtorno, mas a decepção com os homens (pais, maridos, namorados... sobretudo quando maltratadas física e psicologicamente) parece ser fator importante na aproximação da vitimizada com outras mulheres, à procura de um tratamento mais meigo e acolhedor.

- Pedofilia: trata-se da preferência sexual por crianças ainda sem o desenvolvimento de suas características sexuais secundárias, como mamas, barba, pelos pubianos, definição de formas corporais. Esta é a chave para a atração. É o menino ainda imberbe ou a menina sem formas de mulher que atraem o perturbado. Configura-se indiscutivelmente como crime, envolvendo até mesmo o tráfico de imagens pela rede mundial de computadores, não sendo raros os casos em que os próprios cuidadores são os praticantes desta forma alterada de comportamento. Quando a atração se dá por adolescentes passa a ser denominada de hebefilia (*hebe* = adolescente + *filos* = afinidade).

  Existem outras modalidades de transtorno que se encaixam neste grupo de inversão do instinto sexual, tais como a cronoinversão – em que pessoas jovens se sentem atraídas por outras de idade bem adiantada , a cromoinversão – em que a atração se dá por pessoas de cor diferente e outras, todas geralmente sem muita importância jurídica.

b.2 – por desvio do instinto (perversões sexuais):

  Aqui se incluem as situações nas quais a preferência sexual se manifesta de forma alterada, sendo o perturbado sexual motivado por condutas geralmente aberrantes, optando por contatos com animais, cadáveres, fezes, urina, pessoas sujas, dor, sofrimento, enfim, tudo o que definitivamente foge do habitual e do aceitável socialmente. Lógico que há casos mais brandos, em que um comum acordo sepulta entre quatro paredes tais transtornos. Vejamos alguns deles:

- Sadismo: é o desejo e a satisfação em manter o ato sexual mediante a imposição de dor ou sofrimento ao parceiro. De forma consentida não terá implicações judiciais, até mesmo porque nem sempre se manifesta no plano físico, podendo se dar apenas com xingamentos ou insultos. Nos casos de grande expressão, o sádico pode se envolver com o mundo dos crimes, torturando e até matando suas vítimas com requintes de crueldade. Os estupradores se enquadram bem nesta classe.

- Masoquismo: é justamente o contrário do sadismo, já que a pessoa sente prazer e atração pelo próprio sofrimento. Enquanto o sádico é geralmente do sexo masculino, os masoquistas, em geral, são do sexo feminino. A união dos dois tipos configura o sadomasoquismo.

- Bestialismo: preferência pela manutenção de atos libidinosos ou carnais com animais domésticos. É também chamado de zoofilia (manutenção de atos libidinosos com animais) ou zooerastia (atos de "conjunção carnal" com aqueles). Por timidez ou impotência para a manutenção de relações com parceiros, o(a) perturbado(a) tende a manifestar sua libido com os irracionais, os quais não lhe impingem temor de possíveis falhas.

- Necrofilia: é a atração e o desejo em manter relações sexuais com pessoas já sem vida. Não é incomum entre estes indivíduos a prática de violação de túmulos ou de capelas mortuárias e, nem sempre, o ato sexual se dará pela cópula, limitando-se, por vezes, à masturbação diante do cadáver ou em manter tais práticas em ambientes que lembrem a morte. Podem ter implicação jurídica, no que diz respeito à violação de túmulos e ao vilipêndio de cadáveres.

- Lubricidade senil: indica perturbação da saúde mental na terceira idade, fazendo com que o instinto sexual se exacerbe, com tendência à molestação de pessoas de idade bem menor do que a do afetado. Como se trata de perturbação mental, o indivíduo perde o senso moral e tende a praticar tais atos abertamente, à vista das pessoas e mesmo em locais públicos. Na maioria das vezes, restringem-se a toques e diálogos libidinosos, mas podem acarretar problemas jurídicos pela possibilidade de atentados ao pudor e pela prodigalidade dos afetados, os quais às vezes dilapidam seus patrimônios com os(as) jovens a quem assediam.

- Voyeurismo: caracteriza-se pelo prazer pela assistência de cenas eróticas entre outras pessoas. Aqueles que frequentam casas de shows eróticos ou locam filmes pornográficos (pornôs), por certo se enquadram neste grupo. No entanto, nem todos os que assim se comportam irão apresentar a preferência mórbida por tal prática. Existem, porém, aqueles que espreitam pelas frestas das portas e das fechaduras e até aqueles que solicitam que seus parceiros mantenham relações com terceiros para que eles possam ficar apreciando, enquanto extraem do ato o seu prazer. Pode também ser chamado de mixoscopia ou teleagnia.

- Exibicionismo: pode estar envolvido com a criminologia sexual, uma vez que seus praticantes incorrem na possibilidade do atentado ao pudor. É a necessidade de mostrar a genitália ou partes eróticas do corpo, geralmente de forma furtiva. Raramente a demonstração se dá de forma explícita. A grande maioria dos exibicionistas é de homens.

Outros desvios existem, mas todos de menor importância médico-legal e que não merecem discussão, exceto pela curiosidade que pudessem suscitar. Entre eles temos a urolagnia, a cromo-inversão, a hafefobia, a riparofilia, a etnoinversão... Por questões práticas, passemos a outro tópico.

2. ACERCA DOS CRIMES DE SEDUÇÃO

Antigamente, falava-se em crime de defloramento, o que significava indispensavelmente a ruptura da membrana himenal de uma mulher ainda virgem. Ao estudarmos tal questão, veremos que existem mulheres que apresentam himens complacentes e que mesmo após várias relações sexuais não sofrerão tal rotura. Também há a possibilidade de uma gravidez sem a penetração pênis-vagina ou sem a lesão desta membrana, apesar de ter havido uma penetração. Nestes casos teríamos o laudo de mulher ainda virgem, mesmo a despeito de uma gestação ou de uma cópula.

Assim sendo, mudou-se a legislação, passando a considerar, durante algum tempo, a espécie criminosa de crime de sedução, na qual o que se avaliava era a ocorrência, ou não, da conjunção carnal. Dessa forma, em tal infração sexual, o que estaria em jogo seria a honra da mulher virgem e ainda inexperiente, conduzida pelo homem à prática sexual mediante estratégias de aliciamento, em que falsas juras e declarações se faziam valer, dobrando a resistência da vítima e aproveitando-se da confiança instalada por tais artimanhas.

Não se podia falar em crime de sedução contra mulher experiente ou já emancipada, por isso tal crime se perpetrava contra aquelas entre os 14 e 18 anos de idade, embora se discuta acerca da inocência das meninas adolescentes nos dias atuais. Lógico, tal legislação visava proteger tais pessoas da prostituição, da corrupção, da depravação e da luxúria, prometendo punir os seus corruptores.

MEDICINA LEGAL
LEONARDO MENDES CARDOSO

No entanto, tal tipificação penal acabou por ser revogada, tendo em vista a evolução dos costumes. Confira um pouco adiante, no item 6, as reformas feitas no Código Penal brasileiro e a repercussão das mesmas em relação aos crimes de sedução, entre outros, lá expostos.

3. ACERCA DOS CRIMES CONTRA A DIGNIDADE SEXUAL

A partir da promulgação da Lei n. 12.015, de 7 de agosto de 2009, alterações substanciais foram impostas ao Código Penal em sua parte correspondente aos "Crimes contra os Costumes", Título VI da Parte Especial do mesmo. A expressão "crimes contra os costumes" foi substituída pela expressão "crimes contra a dignidade sexual", traduzindo de forma mais fiel o bem jurídico a ser protegido.

O Capítulo I manteve a nomenclatura – "crimes contra a liberdade sexual", mas seu conteúdo foi bastante alterado, a começar pela junção dos tipos penais estupro e atentado violento ao pudor, previstos, antes, nos arts. 213 e 214, respectivamente. Antes da reforma, acerca do estupro, tínhamos que:

a) era crime cometido unicamente contra a mulher, virgem ou não, honesta ou não, contra sua vontade, mediante uso de violência explícita, presumida ou grave ameaça;

b) uma mulher podia ser julgada apenas como coautora;

c) o exame era de confirmação da conjunção carnal e da descoberta de lesões corporais, caso ocorressem; e

d) podia ser seguido de morte, quando vestígios deveriam ser colhidos para exame de DNA (subungueais na vítima, esperma em roupas, local, objetos e cavidades do corpo da vítima, do suspeito para confrontamento);

e) seria considerado com uso de violência presumida sempre que a vítima não tivesse capacidade de consentimento, ou seja, quando fosse incapaz;

f) determinando gravidez, conferia à gestante o direito legal de abortamento: abortamento sentimental, humanitário ou moral. Nesses casos, devia haver consentimento da vítima ou de seu representante legal.

Em relação ao atentado violento ao pudor, a interpretação dada era a seguinte:

a) tratava-se de prática sexual diversa da conjunção carnal, mediante uso de violência explícita, presumida ou mesmo de grave ameaça;
b) podia ser praticado contra homens ou mulheres, de qualquer idade, independendo da idoneidade da pessoa;
c) nos casos em que não havia a violência ou grave ameaça, teríamos apenas o ultraje público ao pudor ou mesmo o atentado ao pudor.

Literalmente tínhamos, antes das reformas do Código Penal em 2009:

> Art. 213 – Constranger mulher à conjunção carnal, mediante violência ou grave ameaça:
>
> Pena – reclusão, de 6 (seis) a 10 (dez) anos.

> Art. 214 – Constranger alguém, mediante violência ou grave ameaça, a praticar ou permitir que com ele se pratique ato libidinoso diverso da conjunção carnal:
>
> Pena – reclusão, de 6 (seis) a 10 (dez) anos.

Com a nova redação, dada pela já referida lei, o texto passou a ser:

> Art. 213. Constranger alguém, mediante violência ou grave ameaça, a ter conjunção carnal ou a praticar ou permitir que com ele se pratique outro ato libidinoso:
>
> Pena – reclusão, de 6 (seis) a 10 (dez) anos.

Portanto, atualmente, passar a mão nas partes íntimas de alguém, sem o seu consentimento ou contra sua vontade, poderá ser considerado crime de estupro. Isso independe de que a vítima seja homem, mulher, jovem, idosa, honesta, marginal, homossexual... Tanto este quanto todos os atos libidinosos (conjunção carnal ou diversa da conjunção carnal) receberão o mesmo tratamento jurídico. Quais as consequências imediatas disso? Quais as implicações jurídicas disso?

Em relação aos menores de 14 anos e todos(as) aqueles(as) incapazes de consentir, teremos o crime de estupro de vulnerável (Art. 217-A CP). Estes casos são bem mais fáceis de serem detectados do ponto de vista pericial médico-legal, como veremos logo adiante.

4. ACERCA DOS CRIMES DE POSSE SEXUAL MEDIANTE FRAUDE

Implicava em ter conjunção carnal com mulher honesta mediante fraude. Aqui era indispensável que a mulher fosse reconhecidamente honesta. A mesma deveria, para configuração do crime, ser possuída sexualmente por meio de artimanhas enganosas que a fizessem acreditar numa verdade inexistente. Assim, se um indivíduo se aproveitasse de uma mulher durante o sono, fazendo-se passar, no escuro, por seu marido, ficaria caracterizado tal delito. Lógico que, caso ela notasse a troca e não reagisse, seria excluído tal crime. Por outro lado, mulheres solteiras, amantes e não virgens, desde que bem comportadas conforme os ditames sociais vigentes, não perdiam tal pendor de honestidade. Comentários a este tipo penal, após sua revogação, também deverão ser vistos no corpo do item 6.

5. CRIMES SEXUAIS CONTRA VULNERÁVEIS

O Título VI da Parte Especial do Código Penal, em seu Capítulo II, introduz o estupro de vulnerável, a corrupção de menores, a satisfação de lascívia mediante presença de criança ou adolescente e o favorecimento da prostituição ou outra forma de exploração de vulnerável. Nesse sentido, o art. 217-A aponta os seguintes aspectos:

a) ter conjunção carnal ou praticar ato libidinoso com menor de 14 (quatorze) anos, prevista no *caput;*

b) ter conjunção carnal ou praticar outro ato libidinoso com alguém que, por enfermidade ou deficiência mental, não tenha o necessário discernimento para a prática do ato, ou que, por qualquer outra causa não pode oferecer resistência conforme previsto no § 1º;

c) se da conduta resulta lesão corporal grave, a pena será de 10 (dez) a 20 (vinte) anos de reclusão, conforme previsto no § 3º;

d) se do ato resultar a morte da vítima, a pena será de 12 (doze) a 30 (trinta) anos de reclusão, conforme reza o seu § 4º.

6. MAIS ACERCA DAS REFORMAS DO CÓDIGO PENAL

Aos 65 anos de idade, o Código Penal vem sofrendo, nas últimas décadas, algumas mudanças significativas, com a finalidade de adequar as novas normas e costumes ao velho diploma penal. Em 2001, o assédio sexual passa a ser crime. Em 2004, o crime de violência doméstica, também de autoria da deputada Iara Bernardi (PT-SP), é sancionado pelo presidente Luiz Inácio Lula da Silva, dando maior proteção à mulher. Agora, a Lei n. 11.106/2005 revoga seis artigos do CP – 217, 219, 220, 221, 222 e 240, e acrescenta mais o art. 231-A, e dois incisos IV e V, do § 1º, do art. 148. Estas mudanças fazem parte de uma série de reformas que o velho CP deverá sofrer nesses próximos anos com a finalidade de adequá-lo à nova realidade. Vejamos as principais mudanças.

6.1 Sequestro e Cárcere Privado (art. 148 do CP)

Este artigo não sofreu mudanças em seu *caput*, entretanto, as modificações se deram no rol das qualificadoras. O ponto mais discutido se trata da ordenação da norma, que entra em consonância com a Constituição Federal de 1988 e o Novo Código Civil. Acrescentam-se as seguintes qualificadoras:

a) se a vítima é ascendente, descendente, cônjuge ou companheiro do agente ou maior de 60 (sessenta) anos;
b) se o crime é praticado mediante internação da vítima em casa de saúde ou hospital;
c) se a privação da liberdade dura mais de quinze dias;
d) se o crime é praticado contra menor de 18 (dezoito) anos;
e) se o crime é praticado com fins libidinosos.

Também há um aumento de pena quando o crime for praticado contra menor ou com fins sexuais.

6.2 Violação Sexual mediante Fraude (art. 215 do CP)

Essa questão era muito discutida, pois havia no texto revogado a seguinte redação: "Ter conjunção carnal com mulher honesta, mediante fraude". Isso fazia com que os magistrados na hora de julgar aplicassem o disposto do art. 4º da Lei de Introdução do Código Civil, deixando à sua conceituação se a mulher é "honesta", ou não. Agora, é qualquer mulher, ou seja, a lei só veio corrigir uma discriminação textual.

Portanto, com a redação dada ao art. 215 do CP, passou a existir o crime de violação sexual mediante fraude, o qual incrimina a ação de "ter conjunção carnal ou praticar outro ato libidinoso com alguém, mediante fraude ou outro meio que impeça ou dificulte a livre manifestação de vontade da vítima". A pena, de reclusão, varia entre 2 (dois) e 6 (seis) anos. Esta pena é cumulada com multa, se o crime é cometido com o fim de obter vantagem econômica (parágrafo único).

6.3 Assédio sexual (Incluído pela Lei 10.224, de 15 de maio de 2001)

> Art. 216-A. Constranger alguém com o intuito de obter vantagem ou favorecimento sexual, prevalecendo-se o agente da sua condição de superior hierárquico ou ascendência inerentes ao exercício de emprego, cargo ou função. (*Incluído pela Lei nº 10.224, de 15 de 2001*)
>
> Pena – detenção, de 1 (um) a 2 (dois) anos. (*Incluído pela Lei nº 10.224, de 15 de 2001*)
>
> Parágrafo único. (VETADO) (*Incluído pela Lei nº 10.224, de 15 de 2001*)
>
> § 2º A pena é aumentada em até um terço se a vítima é menor de 18 (dezoito) anos. (*§ 2º acrescido pela Lei n. 12.015, de 07 de agosto de 2009*)

Ao art. 216-A acrescentou-se o § 2º, que impõe aumento da pena, em até um terço, se a vítima é menor de 18 anos. Esse crime consiste em "constranger alguém com o intuito de obter vantagem ou favorecimento sexual, prevalecendo-se o agente da sua condição de superior hierárquico ou ascendência inerente ao exercício de emprego, cargo ou função".

6.4 Corrupção de menores (art. 218 do CP)

Antes: "Corromper ou facilitar a corrupção de pessoa maior de 14 (catorze) e menor de 18 (dezoito) anos, com ela praticando ato de libidinagem, ou induzindo a praticá-lo ou presenciá-lo", punido com reclusão, de 1 (um) a 4 (quatro) anos. Atualmente: "Induzir alguém menor de 14 (catorze) anos a satisfazer a lascívia de outrem", com pena de reclusão de 2 (dois) a 5 (cinco) anos.

6.5 Satisfação de lascívia mediante presença de criança ou adolescente (art. 218-A do CP)

Diz que é crime: "praticar, na presença de alguém menor de 14 (catorze) anos, ou induzi-lo a presenciar conjunção carnal ou outro ato libidinoso, a fim de satisfazer lascívia própria ou de outrem", sob pena de reclusão, de 02 (dois) a 04 (quatro) anos.

6.6 Favorecimento da prostituição ou outra forma de exploração sexual de vulnerável (art. 218-B do CP)

Indica, como crime, "Submeter, induzir ou atrair à prostituição ou outra forma de exploração sexual alguém menor de 18 (dezoito) anos ou que, por enfermidade ou deficiência mental, não tem o necessário discernimento para a prática do ato, facilitá-la, impedir ou dificultar que a abandone". A pena cominada é reclusão, de 04 (quatro) a 10 (dez) anos, aplicando-se também multa, se o crime é cometido com o fim de obter vantagem econômica (§ 1º).

6.7 Aumento de pena previsto nos capítulos I e II do Título VI – Dos crimes contra a dignidade sexual (art. 226 do CP)

Embora não se trate de crime qualificado, houve apenas um aumento da pena. Quanto ao inciso II aumentou-se a pena pela metade e ampliou o rol dos sujeitos ativos que passaram a ser: "... se o agente é ascendente, padrasto ou madrasta, tio, irmão, cônjuge, companheiro, tutor, curador, preceptor ou empregador da vítima". O inciso III foi revogado, e o inciso I alterado apenas com a inclusão da expressão: "quarta parte".

6.8 Mediação para satisfazer a lascívia de outrem (art. 227 do CP)

Houve apenas a modificação na qualificação no § 1º para esse crime que é a seguinte: "Se a vítima é maior de 14 (catorze) anos e menor de 18 (dezoito) anos, ou se o agente é seu ascendente, descendente, cônjuge ou companheiro, irmão, tutor ou curador ou pessoa a quem esteja confiada para fins de educação, de tratamento ou de guarda". Em suma, a mudança deu-se na palavra "marido" que agora passa a ser "companheiro".

6.9 Tráfico Internacional de Pessoas (art. 231 do CP)

O crime era puramente feminino, pois só previa o tráfico de mulheres, dificultando o enquadramento penal. Agora, passou a se chamar Tráfico Internacional de Pessoas, abrangendo igualmente os travestis. Recebeu também a possibilidade de uma multa na figura qualificada dos §§ 1º e 2º. Nesta mesma tipificação, foi incluso mais um crime que é o art. 331-A, que se trata do combate ao tráfico interno de pessoas, ou seja, passamos a ter a figura típica internacional e nacional.

6.10 As revogações dos incisos VII e VIII do art. 107, e dos arts. 217, 219, 220, 221, 222 e 240 do Código Penal

Desta feita, a extinção de punibilidade por meio do casamento do agente com a vítima, nos crimes contra os costumes, e nem pelo casamento da vítima com terceiro. Isso evita que o infrator arranje casamento para evitar que o Estado o puna. O art. 217 acompanha a modernidade, pois a mulher, independente da idade que mantiver conjunção carnal com um homem e que foi seduzida, será um fato atípico ou, se tipifica no art. 215, que é posse sexual. Os arts. 219 e 220 foram praticamente inclusos no art. 148 por suas novas qualificações. Quanto aos arts. 221 e 222, os quais regulavam o rapto, por si só foram revogados, uma vez que a figura central de tal crime não mais existe. E o tão discutido art. 240 do CP (adultério) que já estava em desuso foi revogado.

Observação: Nenhuma alteração houve no Capítulo VI, que cuida do ultraje público ao pudor (arts. 233 e 234).

Art. 233 – Praticar ato obsceno em lugar público, ou aberto ou exposto ao público:

Pena – detenção, de 03 (três) meses a 01 (um) ano, ou multa.

Art. 234 – Fazer, importar, exportar, adquirir ou ter sob sua guarda, para fim de comércio, de distribuição ou de exposição pública, escrito, desenho, pintura, estampa ou qualquer objeto obsceno:

Pena – detenção, de 06 (seis) meses a 02 (dois) anos, ou multa.

7. ACERCA DA TRANSEXUALIDADE E DA TRANSGENITALIZAÇÃO

No ano de 2008, o Ministério da Saúde, por intermédio do Ministro José Gomes Temporão, determinou a realização das cirurgias de transgenitalização totalmente pagas pelo Serviço Único de Saúde (SUS). Resta-nos, portanto, compreender tal processo e saber quais seriam os beneficiados e o porquê de tal medida.

Existe uma condição de perturbação da saúde mental determinada por uma base genética, em que o indivíduo de um determinado sexo sofre influência, ao fim da gestação ou mesmo durante os primeiros dias de vida extrauterina, do hormônio contrário sobre o seu hipotálamo. Com isso, teríamos, por exemplo, um recém-nascido do sexo masculino sofrendo ação hormonal feminina sobre seu hipotálamo e isso determinaria a existência de um corpo totalmente masculino – sem quaisquer imperfeições –, com uma mente totalmente feminina. O contrário também é possível.

Compreenda-se, portanto, que tal indivíduo não é um homossexual, nem tampouco hermafrodita ou pseudo-hermafrodita. Ele é um homem ou uma mulher que, a partir de um determinado momento de sua existência, percebe-se como tendo uma "alma" de sexo oposto. Tal visão gera um enorme conflito mental no indivíduo afetado e o conduz a uma neurose reativa que o induz a uma condição de obsessão-compulsão.

Se todas as vezes que essa pessoa se olha no espelho ou se percebe fisicamente como sendo de um sexo e mentalmente isto se conflitua com sua "mente de sexo oposto", o esperado é que o mesmo apresente tendência ao autoextermínio ou mesmo à automutilação. Trata-se, pois, de um quadro grave de comprometimento da saúde mental.

Para tal condição não existe, a princípio, uma cura medicamentosa ou mesmo por psicoterapia, restando a opção da transgenitalização, que consiste na correção cirúrgica do sexo físico (não do genético, pois esse é imutável!). Tal cirurgia é extremamente complexa e de alto custo, e por isso mesmo os candidatos a tal mudança devem passar por uma triagem feita por uma equipe multidisciplinar – médicos, enfermeiros, assistentes sociais, psicólogos, geneticistas, advogados..., com a finalidade de se evitar conflitos futuros.

MEDICINA LEGAL
LEONARDO MENDES CARDOSO

Homossexuais, travestis ou outros não transexuais não têm direito legal a tal correção cirúrgica. Esta fase de triagem dura dois anos e tem a função de minimizar os impactos pessoais, jurídicos e sociais que tal medida extrema inevitavelmente determina, bem como a de evitar que não transexuais sejam agraciados com esse benefício que é dirigido apenas aos doentes dessa natureza, reafirmando-se o caráter de doença mental da transexualidade.

Compreendido deve ficar, pois, que a autorização deste procedimento de alta complexidade e elevado custo apenas cumpre o preceito de que "a saúde é um direito do cidadão e um dever do Estado" e visa o impedimento de males maiores, como o suicídio dos portadores de tal condição mórbida, por exemplo.

Capítulo 6

TANATOLOGIA FORENSE

Não se pode querer estudar Medicina Legal sem o recurso da contextualização. Isto é especialmente aplicável à Tanatologia Forense, uma vez que a morte é algo relativo para o contexto de cada cultura, religião ou sociedade. Para alguns povos orientais, por exemplo, a morte é motivo de culto sem sofrimentos, até mesmo porque, para eles, a vida após a morte é uma realidade inquestionável. Para nós, ocidentais, ainda resta a incerteza do destino da pessoa após seu falecimento. Então, sofremos por tal separação, não suportando a saudade que este afastamento gera em nós ou, talvez, o medo do desconhecido seja o que mais nos inflija tal sofrimento.

A maior influência que sofremos, neste sentido, é a da crença religiosa, que prega, desde a anulação da própria existência no pós-morte (niilismo), até o retorno da alma animando outro corpo ou acreditando que corpos já sem vida possam ressuscitar ou reencarnar. Conforme cada visão, teremos diferentes comportamentos diante da realidade da morte.

Tanathos representa o deus grego da morte, daí o termo tanatologia significando o estudo da morte e de seus eventos. Porém, mais importante do que isso é a realidade da morte que norteia, na atualidade, certos processos, sobretudo no que diz respeito ao destino do cadáver ou de suas partes. Tal se dá como reflexo de novos métodos, a partir dos quais se tornaram possíveis os transplantes de órgãos, bem como a necessidade de instituições de ensino e pesquisa na obtenção de corpos para treinamento de acadêmicos, testes nas indústrias automotivas etc.

Baseado no acima exposto, a morte será doravante tratada de forma direcionada aos interesses médico-legais que dela surgem. Assim, já podemos dividi-la em grupos, tais como: morte encefálica, morte circulatória, morte natural, morte violenta, morte suspeita... Todavia, uma coisa é inegável: nada impõe mais medo ao ser humano do que as incertezas e os aspectos ainda desconhecidos e a nós impostos pela morte, única certeza da vida.

1. DOS SINAIS DE CERTEZA DE MORTE

Uma das coisas mais importantes sob o aspecto jurídico é a constatação da realidade da morte. Como já o dissemos anteriormente, por assumir várias formas, a morte é objeto de investigação exaustiva no âmbito da Medicina Legal, donde se busca sua causa, seu tempo estimado de ocorrência e, em casos de homicídio, de seus autores. Assim, teremos que encontrar as evidências de que ela ocorreu, de forma inquestionável e irreversível. Para tanto, analisemos os sinais dela decorrentes:

1. Parada cardiovascular: é um dos considerados sinais primários e consiste na cessação da atividade cardíaca, com a inércia de tal órgão e, consequentemente, da circulação de sangue por meio dos inúmeros vasos distribuídos pelo corpo humano. A questão a ser considerada é sempre a do caráter irreversível desta paralisação de atividade, uma vez que um número considerável de paradas cardíacas pode ser revertido mediante estimulação externa, quer seja por massagens, quer seja por cardioversão (choque elétrico) ou, até mesmo, pelo uso de injeções de adrenalina. Para se ter uma melhor ideia, o coração – até certo ponto, independe do sistema nervoso central para manter-se funcionando. Isso se explica pelo fato de que ele possui, em sua parede interna, um sistema próprio de condução de estímulos, a partir de células musculares cardíacas especializadas em emitir descargas elétricas periódicas causadoras de contrações em ondas, as quais percorrem todo o miocárdio e provocam o que chamamos de sístole (contração cardíaca).

    Com a morte encefálica, por exemplo, o coração pode persistir no seu trabalho, mantendo a vida, embora de forma vegetativa. Tal fato só se perpetua por mais algum tempo caso o indivíduo nesse estado seja colocado em ventilação assistida (respirador mecânico). Juridicamente, isso apresenta enorme relevância, uma vez que certos órgãos só podem ser disponibilizados para transplante caso ainda haja circulação sanguínea. Fígado, rins, pulmões, pâncreas e o próprio coração só podem ser disponibilizados para doação caso ainda esteja o doador em estágio de vida vegetativa. Caso a morte jurídica (óbito) tenha sido completada (parada total das atividades neurológicas e cardiocirculatórias), apenas alguns "itens" se prestam para tal ato, como acontece com as córneas, por exemplo, as quais podem ser retiradas num prazo de até 6 horas da realidade do óbito (conferir a Lei n. 9.434/1997 – Lei dos Transplantes).

Os demais sinais circulatórios são ditos secundários e dependem desta cessação, anteriormente relatada, para que aconteçam. São eles: pressão arterial zero, pulsos ausentes, ausência de ausculta das bulhas cardíacas e a não circulação do sangue pelas veias e artérias. A prova documental de uma parada cardiorrespiratória é fornecida pelo eletrocardiograma, cujo traçado seja isoelétrico, o que implica na manutenção da linha sem oscilações, de forma retilínea.

2. Cessação das atividades encefálicas: este é outro evento primário e trata-se da ausência total e definitiva de respostas do sistema nervoso central a todos e quaisquer estímulos, internos e externos. Como já o dissemos acima, isto é possível com o coração ainda em funcionamento, configurando-se um estado vegetativo. Sinais secundários a esta paralisação irão ocorrer e devem ser analisados no conjunto. São eles:

a) Estado de inconsciência;

b) Tônus muscular abolido;

c) Parada respiratória;

d) Relaxamento dos esfíncteres, com possível eliminação de urina e fezes;

e) Ausência de respostas reflexas:

e.1 – reflexo patelar, caracterizado por um chute discreto quando estimulamos o ligamento patelar. No caso de morte encefálica estará ausente;

e.2 – midríase bilateral paralítica, caracterizada pela dilatação total e irreversível das pupilas, com consequente ausência de resposta aos estímulos luminosos;

e.3 – ausência de avermelhamento da conjuntiva quando instilamos uma gota de éter sobre a mesma. Nesse caso, os vasos sanguíneos deixam de responder reflexamente a este estímulo.

MEDICINA LEGAL
LEONARDO MENDES CARDOSO

Poderíamos citar ainda outros sinais decorrentes da cessação das atividades encefálicas, mas fiquemos com estes, uma vez que são suficientes e se colocam como principais. Vale citar que a prova documental da morte encefálica se dá pelo traçado eletroencefalográfico também isoelétrico, em que a linha descrita pelo aparelho será retilínea, evidenciando tal paralisação.

2. DOS FENÔMENOS ABIÓTICOS CONSECUTIVOS

Sinais abióticos consecutivos são todos aqueles que surgem progressivamente, diferentemente dos imediatos – anteriormente descritos, que se instalam no próprio instante da morte. Geralmente, iniciam-se após a primeira hora do óbito e têm grande importância na determinação do tempo estimado da morte. São também denominados de mediatos. Vejamos quais são:

a) Desidratação cadavérica: consiste na perda progressiva de líquidos corporais, os quais, por mecanismos fisiológicos, mantinham o corpo hidratado. A simples evaporação associada à não ingestão repositória de água determina este fenômeno. Com isso, teremos modificações consequentes a esta perda hídrica, resultando no apergaminhamento da pele, no ressecamento de mucosas, na opacificação do globo ocular, na diminuição da pressão intraocular e na formação da mancha escurecida da esclerótica. Vale lembrar que bebês e crianças menores possuem uma taxa de água corporal maior do que adultos e idosos, e isto faz com que este processo de desidratação cadavérica seja comparativamente mais acentuado neste primeiro grupo de indivíduos.

b) Algidez cadavérica: "*algor*" significa frio, e daí teremos que algidez refere-se a um processo de esfriamento. Este esfriamento cadavérico resulta da cessação das atividades funcionais decorrentes do óbito, fazendo com que a geração de calor pelos processos metabólicos seja interrompida. Desta forma, o corpo inerte irá perdendo temperatura, até que a mesma se iguale à do ambiente em que o corpo se encontre. Óbvio, a temperatura ambiental irá interferir de maneira importante neste processo. Porém, vale lembrar também que certas condições afetam este processo. Febres altas e prolongadas nos instantes que precederam a morte, atividades físicas, enfim, são capazes de retardar a algidez, por exemplo. Dos fatores que afetam o processo de algidez, determinando maior ou menor velocidade de esfriamento cadavérico, temos: temperatura ambiente, área de superfície corporal, ventilação ambiente, imersão, febres, obesidade, posição corporal e os esforços físicos. Isto tudo prejudica a avaliação do tempo estimado de morte, requerendo maior habilidade e preparo dos peritos, os quais deverão levar em conta estas variáveis. Em geral, a perda média de temperatura, no Brasil, gira em torno de 0,6º C a 1,0º C por hora. A desidratação representa apenas uma pequena parte como fonte de perda do calor. Em locais de temperatura acima daquela corporal, o corpo tenderá a igualar sua temperatura com a temperatura ambiental e, portanto, apresentará um aquecimento. Assim sendo, é de extrema importância a mensuração da temperatura cadavérica em pelo menos dois momentos separados pelo intervalo de uma hora para que os cálculos de cronotanatognose possam ser adequadamente realizados.

c) Manchas de hipostase ou de hipóstase: também conhecidas como livores cadavéricos, implicam na formação de manchas de estase sanguínea nos locais de maior declive, ou seja, na parte do corpo do cadáver que esteja em contato com a superfície, ou nos enforcados, nas partes mais baixas (pontas de membros e face) e, nos afogados, nas partes voltadas para baixo. Como são determinadas pelo acúmulo sanguíneo por força gravitacional, exibem cor vermelho-arroxeada com tendência ao escurecimento. É importante referir que inicialmente estas manchas podem migrar, caso o corpo cadavérico seja mudado de posição. No entanto, após, aproximadamente, 12 a 14 horas de óbito, elas tendem a se tornar fixas. Certas características básicas são importantes na realização de uma perícia: só aparecem em locais de declive, inicialmente apresentam caráter migratório, tendem a se fixar após certo tempo, desaparecem por mecanismo de compressão, variam de extensão conforme a postura, o sangue ali presente não infiltra os tecidos, não há a formação de coágulos e, em caso de uma incisão, o sangue flui pelo corte. O termo hipóstase não é incorreto, pois trata-se de uma palavra de dupla prosódia.

d) Rigor cadavérico: também vale usar o termo rigidez, sendo que tal fenômeno se deve às modificações moleculares teciduais no cadáver. Este enrijecimento corporal inicia-se geralmente por volta de duas horas após o óbito, sendo possível, no entanto, tempos que variam de trinta minutos a seis horas, conforme as condições variáveis relacionadas a cada caso especificamente. São, por exemplo, comuns os retardamentos da rigidez em cadáveres de indivíduos que morreram desnutridos, afogados ou com grandes edemas. Pelo contrário, vê-se uma aceleração de tal processo em casos de morte súbita durante atividades físicas, em pacientes desidratados, naqueles com grandes perdas sanguíneas e nos que sofreram convulsões. A temperatura ambiente também influencia no processo de rigidez, sendo que nos locais mais quentes, serão percebidas acelerações no surgimento da rigidez cadavérica. A instalação completa se dá por volta de, no máximo, 12 a 14 horas após o óbito. A desinstalação total se completará por volta de 36 horas após o óbito, não sendo incomum que este tempo se arraste por até 72 horas. A instalação e a desinstalação se processam no sentido crânio-caudal (Lei de Nysten), ou seja, os primeiros músculos a se enrijecerem, e depois a amolecerem, serão os da face e os últimos os dos membros inferiores. A cessação do processo de respiração muscular, privando as células de oxigênio, é o fator desencadeante comum da rigidez cadavérica, provocando a contratura muscular no cadáver.

3. DOS FENÔMENOS TRANSFORMATIVOS DO CADÁVER

São também eventos progressivos, porém, nessa situação, promoverão a destruição ou a conservação do corpo inerte. Vejamos cada um deles:

1. Destrutivos: iniciam-se logo após a cessação da vida, a partir da lise das células, agora destituídas de nutrição e oxigenação. No entanto, só começarão a ser percebidos na exterioridade do cadáver de forma mais tardia. São eles:

a) Autólise: caracteriza-se pela autodestruição celular e tecidual, sem correlação com fatores externos, por meio da liberação de enzimas destruidoras de proteínas, a partir do próprio universo celular do cadáver. Disto decorrerá que o pH dos tecidos se tornará mais ácido logo nas primeiras horas após o óbito, promovendo a destruição de células e tecidos. A alcalinização dos tecidos aponta para o fim desta fase e início da putrefação;

b) Putrefação: aqui trata-se verdadeiramente da decomposição do cadáver, havendo, além da autólise já estabelecida, a participação de fatores externos, tal como a ação de bactérias. Vale ressaltar que esta ação bacteriana é indispensável ao processo de putrefação e que, em condições em que não haja favorecimento da proliferação bacteriana, tem-se o retardamento ou mesmo a não existência da decomposição. Como estas bactérias são praticamente as já existentes no corpo durante a vida – flora intestinal, principalmente, o mais comum é que percebamos o início do processo de putrefação a partir de um sinal denominado "mancha verde abdominal". Esta mancha nada mais é do que a evidência da decomposição dos tecidos em que há uma maior abundância destas bactérias, ou seja, nas alças intestinais. Em afogados é comum que apareçam primeiro na região cervical ou torácica, devido à posição do corpo na água, assim como pela aspiração de líquidos preenchendo os pulmões. Larvas de insetos (moscas, principalmente), surgidas a partir de ovos depositados nos corpos sem vida, também podem participar da destruição cadavérica, por meio de ação necrofágica. Outros animais (urubus, peixes, outras aves etc.) também podem participar da destruição – porém não da decomposição putrefativa, do cadáver. Vejamos agora as fases deste processo destrutivo:

b.1 – período de coloração (fase cromática): geralmente inicia-se de 18 a 24 horas após o óbito, durando cerca de 12 dias. Lógico, este tempo dependerá, tanto para mais quanto para menos, das condições de clima, umidade, tipo de solo, temperatura e condições prévias do próprio cadáver, quando ainda em vida. Esse período é inicialmente observado pelo surgimento da mancha verde abdominal, acima citada, e se estenderá progressivamente por todo o corpo;

b.2 – período gasoso (fase enfisematosa): esta fase pode chegar até a 30 dias de duração, iniciando-se durante a primeira semana após o óbito. Gases – gás sulfídrico, amônia e hidrogênio fosforado, serão produzidos no processo de putrefação e irão infiltrar o tecido celular subcutâneo, gerando assim a distensão gasosa que se percebe durante a decomposição. Sangue e secreções serão forçados a sair pela boca e narinas e os olhos e língua sofrerão protrusão. Com a fase de coloração, esta nova fase irá fazer com que o cadáver assuma um aspecto característico, em que se percebe coloração negroide e postura de "boxeador". Isto acaba por dificultar o reconhecimento visual do corpo em boa parte dos casos, fazendo com que se empreguem métodos mais complexos e dispendiosos. É comum a formação de bolhas cutâneas (flictenas) contendo líquidos serosos em seus interiores. O odor exalado será insuportável;

b.3 – período coliquativo (fase de redução tecidual): inicia-se ao fim do primeiro mês pós-óbito e pode se estender por até 3 anos. Aqui se tem a destruição e desintegração dos tecidos orgânicos, os quais irão amolecer e literalmente sofrer um processo de desmanche. Praticamente, haverá liquefação do corpo cadavérico, restando-lhe apenas o esqueleto. Animais componentes da fauna cadavérica participam ativamente deste processo;

b.4 – período de esqueletização: depois de destruídos os últimos tecidos orgânicos (ligamentos e tendões), tem-se o esqueleto descoberto, o qual poderá se conservar por tempo indeterminado, conforme as condições de onde se encontre. A fauna cadavérica, sobretudo os besouros, é responsável pelo desligamento das junturas fixadas por tendões e ligamentos, roendo-os literalmente;

c) Maceração: este processo refere-se à destruição tecidual por embebimento em líquidos, corporais ou não. Neste sentido, os dois exemplos mais clássicos são os de corpos encontrados sem vida em porções de água (afogamentos) ou em bolsas amnióticas (bebês com morte intrauterina, retidos por algum tempo dentro do útero materno). A maceração se caracteriza pela destruição da pele com sua consequente eliminação em placas, geralmente extensas.

2. Conservativos: ocorrências biológicas ou físico-químicas – artificiais ou naturais, provocadas ou espontâneas – determinam a preservação, por maior ou menor tempo, dos tecidos orgânicos e inorgânicos formadores do cadáver. Em alguns casos chega a haver a paralisação de um estado de putrefação já iniciado. As condições de clima e de ambiente influenciam significativamente estes processos. Vejamos cada um deles:

a) Saponificação: se um cadáver for colocado em um meio onde haja umidade (fossa, pântano, alagado ou terreno argiloso) e ausência ou escassez de ventilação, pode acontecer a instalação de um processo em que os tecidos serão convertidos em adipocera (como se eles se transformassem em sabão rançoso), de consistência macia e algo quebradiça. Tal transformação pode ocorrer em partes ou no todo cadavérico. Regiões mais gordurosas serão mais facilmente convertidas. Pericialmente, a saponificação permite melhor identificação do cadáver, uma vez que as impressões digitais costumam ser preservadas, bem como os principais traços fisionômicos. Tal processo tem início por volta de dois meses após o óbito, completando-se ao fim de um ano. Depende de um estado de putrefação inicial e posterior ação de bactérias anaeróbias;

b) Mumificação: neste processo tem-se a existência de um rápido fenômeno de dessecação, ou seja, uma desidratação rápida do cadáver. Com isso, as bactérias determinantes da putrefação serão mortas e a matéria orgânica do corpo sem vida irá sofrer uma preservação, assumindo um aspecto enegrecido e endurecido, com rugas cutâneas características, por causa da diminuição de volume corporal gerado pela desidratação. As mumificações podem ser espontâneas (naturais) e provocadas (artificiais). Nos processos espontâneos haverá a necessidade de três fatores básicos indispensáveis: ambiente muito seco (abaixo de 6% de umidade), temperatura elevada (acima de 40º C) e abundante ventilação. Fatores individuais também poderão participar, contribuindo para o processo de mumificação – idade avançada, caquexia, hemorragia aguda maciça, desidratações severas. Nos processos provocados deve-se inibir a proliferação bacteriana. Assim, o uso de substâncias tóxicas (antimônio, arsênico, estricnina, antibióticos potentes e em altas doses etc.) associado à desidratação do organismo morto, também irá provocar a mumificação. No primeiro caso, encontramos como exemplo, as múmias geradas a partir de mortes em desertos, com o cadáver abandonado sobre a areia; no segundo caso, temos as múmias dos faraós egípcios. Vale dizer que o embalsamamento empregado na conservação de cadáveres propicia a mumificação, não sendo, no entanto, estes dois termos sinônimos;

c) Congelação: o corpo será conservado por meio de sua manutenção em ambientes de baixas temperaturas (locais de neve permanente, câmaras frigoríficas, tambores de nitrogênio líquido). O tempo de conservação é, nestes casos, indeterminado, enquanto durar o processo de congelamento. Esta técnica apresenta relevância científica, uma vez que se presta para a conservação de cadáveres, ou mesmo de partes ou apenas de material genético, para fins de estudo;

d) Corificação: decorre da conservação do cadáver em urna metálica (especialmente fabricada com folha de zinco galvanizado), hermeticamente fechada. Neste processo, as partes moles sofrerão um ressecamento com consequente diminuição de volume, enquanto a pele assume uma característica de couro curtido. A diferença entre a corificação e a mumificação, numa análise pericial, dá-se pela consistência dos órgãos internos mais amolecida e flexível que ocorre na primeira. Fato importante é o de que a putrefação chega a iniciar-se, sendo, no entanto, refreada pelas condições desfavoráveis do ambiente de confinamento em que o corpo se encontra. Em geral, estará bem estabelecida ao final do primeiro ano de conservação cadavérica na urna metálica e pesquisas toxicológicas demonstram que o zinco e o arsênio, da própria urna, terão participação ativa neste processo, uma vez que serão encontrados nos cabelos e tecidos do cadáver. Como preserva características importantes do corpo, serve pericialmente para análise de identificação do indivíduo, bem como de suas lesões e da *causa mortis*;

e) Calcificação (petrificação): ocorre mais comumente em fetos mortos retidos na cavidade uterina. O cadáver toma uma aparência pétrea, rochosa. Não é evento comum.

4. ACERCA DO TEMPO ESTIMADO DE MORTE (CRONOTANATOGNOSE)

Neste sentido, implica nos meios utilizados na perícia com a finalidade de se estimar o tempo de óbito. Como bem o dissemos, este tempo será estimado e não precisado, uma vez que as técnicas proporcionam apenas uma avaliação aproximada. Para tanto, serão analisadas características cujo acontecimento tem um tempo médio conhecido e com pouca variação temporal. Assim, o resultado final dependerá do conjunto destas características e nunca de um fator isolado.

Vejamos, de forma simplificada, uma sequência de eventos considerados num calendário tanatológico (ou tanatognóstico):

1 h: surgimento de livores na região cervical/princípio de rigidez em nuca e mandíbula/opacificação da córnea em cadáveres com olhos abertos;

2 h: livores cervicais acentuados/rigidez completa de nuca e mandíbula/esfriamento de mãos, pés e face;

3 h: livores cervicais bem estabelecidos/início da rigidez em membros superiores/esfriamento de toda pele;

4 h: rigidez total de membros superiores e início de rigidez em membros inferiores e quadril;

6 a 8 h: rigidez corporal completa;

8 a 12 h: livores se encontrarão fixados nas regiões de declive/presença de larvas de moscas sobre o cadáver (vale lembrar que a análise dos ovos e das larvas dos diferentes tipos de insetos serve enormemente para a cronologia da morte);

14 h: intensidade máxima dos livores cadavéricos em máxima extensão corporal/formação da mancha verde abdominal a partir da fossa ilíaca direita (temperatura ambiental-dependente);

15 a 24 h: o esfriamento cadavérico alcança seu ponto máximo, com temperatura cadavérica igualada à do ambiente;

18 a 24 h: mancha verde abdominal estabelecida;

24 h: opacificação das córneas (no caso de cadáveres com olhos fechados);

2 dias: início do desaparecimento da rigidez cadavérica;

3 dias: desaparecimento total da rigidez cadavérica/70% do abdome atingido pela mancha verde indicativa do processo inicial de putrefação;

4 dias: mancha verde ocupa toda extensão do abdome.

Esta tabela, modificada de Zacharias & Zacharias (1988), servirá ao acadêmico do Direito como uma base dos dados que são levados em conta pelos peritos legistas. Lógico que outros dados mais complexos também farão parte deste rol, sendo vistos na interioridade do cadáver, tais como: temperatura interna, quantidade de líquor, secreções em cavidades pleural e abdominal, condições hepáticas, esplênicas e pulmonares etc.

Fato curioso e sempre questionado é a possibilidade de crescimento de pelos e unhas do cadáver. Sim, isto é realmente possível e a velocidade deste crescimento é estimada em 21 *micra* por hora, ressaltando-se que este não é um método confiável e que até as condições de óbito podem falsear este dado. Há, no entanto, trabalhos que demonstram que este aparente crescimento de pelos e unhas nada mais é do que o resultado da retração natural dos tecidos expondo e forma relativa estas estruturas.

5. DA RELAÇÃO ENTRE AS MORTES DE DOIS OU MAIS INDIVÍDUOS EM UM EVENTO SIMULTÂNEO

Esta análise permitirá o estabelecimento de uma sequência cronológica em relação ao óbito de duas ou mais pessoas em um evento simultâneo. Assim, quando houver diferença temporal em relação aos óbitos, deverá ser determinada a premoriência, ou seja, saber quem morreu antes de quem. Para tanto, serão levadas em conta as naturezas das lesões, as partes anatômicas afetadas, a intensidade das lesões, as condições físicas das vítimas (sobretudo, de forma comparativa), bem como a idade das mesmas. No caso de óbitos simultâneos, se dirá que são comorientes (houve comoriência).

6. ACERCA DA FAUNA CADAVÉRICA

Trata-se do conjunto de animais de diferentes espécies, os quais se nutrem dos restos cadavéricos em decomposição, auxiliando na consumação da matéria orgânica apodrecida. Como existe uma sequência cronológica de chegada destes animais ao local onde o corpo se encontra, também eles serão utilizados pericialmente para a determinação do tempo estimado de morte.

A fauna cadavérica pode ser classificada em:

a) Aquática: composta por piranhas, candirus, pirararas, outros peixes, jacarés, quelônios e botos em águas doces e por tubarões, crocodilos, caranguejos, tartarugas e outros animais de água salgada;

b) Terrestre: composta por cães, lobos, felinos, raposas, tatus, gambás, besouros não voadores e outros;

c) Aérea: composta por aves (urubus, gaviões, corvos, corujas e outras) e insetos voadores, sobretudo as moscas, as primeiras que chegam ao local.

Os animais que assumem maior importância pericial são os insetos, notadamente moscas e besouros, com seus ovos e suas larvas. Alguns autores chegam a descrevê-los compondo legiões subdivididas por ação cronológica, conforme o tempo que gastam para chegar ao local onde se encontra o corpo e a parte do mesmo que consomem. Assim, têm-se moscas especializadas em devorar vômitos e secreções e que, por isso, chegarão bem precocemente ao local onde se encontra o cadáver, bem como besouros devoradores de cartilagens e ligamentos, e que só atuarão depois de devoradas as partes mais moles. Desta forma, os besouros aqui citados participarão diretamente na esqueletização do corpo, permitindo a desunião dos ossos entre si.

A título de curiosidade, a presença de urubus sobrevoando determinada área pode servir para que se encontre um cadáver abandonado em local ermo, assim como certos peixes podem devorar rapidamente todas as partes moles, dificultando que se encontre o cadáver. Vespas, formigas, aranhas, centopeias e ácaros também podem participar deste banquete macabro.

O conhecimento científico dos ciclos vitais dos insetos necrófilos/necrófagos permite uma datação do óbito o mais aproximadamente possível, levando-se em consideração a época do ano e o clima de cada região.

7. ALGUNS TERMOS BÁSICOS

Necropsia (necrópsia): de origem grega – *necrós* = morte + *opsis* = visão, diz respeito ao exame cadavérico com finalidade científica, servindo-se de métodos técnico-científicos sistematizados, para a constatação da morte, de suas causas e dos eventos que a envolvem. Tudo isto, se possível, determinando o autor e os métodos por ele usados, bem como as lesões físicas decorrentes disso. Embora não tenha originalmente o mesmo significado, o termo autopsia (autópsia) – também de origem grega: *autos* = a si mesmo/por si mesmo, é atualmente utilizado como sinônimo de necropsia.

Inumação: sepultamento (*in húmus*).

Exumação: contrário de inumação, ou seja, retirada do cadáver de sua sepultura, geralmente praticada com finalidades periciais (*ex húmus*).

Docimásia: trata-se de prova realizada em determinada parte do cadáver fetal (pulmões, sistema digestório, rins, pele, cordão umbilical ou outras), com a finalidade de se constatar se havia, ou não, vida antes e logo após o parto (nasceu com vida?). São vários os tipos de docimásia, respiratórios e não respiratórios. Existem ainda docimásias para investigação de causas de mortes agônicas. Também pode ser correto o emprego da palavra docimasia.

Embalsamamento: técnica empregada para conservação cadavérica, para fins de transporte, estudos científicos ou retardamento do sepultamento.

Despojos humanos: são constituídos por partes de um corpo, reduzido a pedaços de diferentes tamanhos, graças a um evento sinistro. A identificação estará geralmente prejudicada e a determinação laboratorial pelo DNA será necessária em boa parte dos casos.

Necropsia branca: resulta da falta de conclusões referentes à *causa mortis*, depois de realizadas as perícias.

Capítulo 7

PSICOPATOLOGIA FORENSE

Englobaremos, neste capítulo, os conceitos relativos à psiquiatria, psicologia e psicopatologia forenses. Para tanto, necessitaremos de determinados conceitos fundamentais e indispensáveis.

1. IMPUTABILIDADE PENAL

É comum que se confunda imputabilidade penal com o fato de um indivíduo ser responsabilizado penalmente por aquilo que fez de errado. Se assim considerássemos, estaríamos fazendo pagar por algum delito aquele que não o cometeu. Então, vejamos, de forma correta, acerca de tal conceito. A imputabilidade penal constitui-se em dois pressupostos básicos:

1. Discernimento daquilo que é certo ou errado – e isto irá variar conforme cada grupo social, cada cultura. Por exemplo, se para os brasileiros alguns casos de abortamento são crime, para os franceses não o são. Tudo dependerá das regras de sobrevivência e convivência social adotadas por cada grupo (município, estado, nação). Exemplo disso é que nos Estados Unidos da América têm-se diferentes visões jurídicas conforme cada Estado que compõe aquela nação. Então, o processo de entendimento do caráter ilícito de um fato é questão relativa e isso nunca deverá ser esquecido, mas sim, contextualizado.

2. Autodeterminação em relação ao fato: isso implica em não só compreender a licitude ou ilicitude de um fato/ato, como implica também em o indivíduo conseguir comportar-se de forma voluntária conforme tal entendimento, não fazendo o que seja errado dentro do seu contexto global (social, político...). Não adianta, pois, um indivíduo saber que é errado roubar se, por questões de

incapacidade mental ou por perturbações mentais, não consegue evitar a prática de tal ato.

Então, imputabilidade penal será a compreensão do certo e do errado (discernimento do caráter ilícito dos fatos), aliada à capacidade mental de não praticar o que seja errado (autodeterminação). Por isso é que se considera inimputável uma criança de 10 anos de idade, por exemplo, uma vez que, mesmo já tendo condições mentais de compreender o que é certo ou errado, ainda não apresenta maturidade para se autodeterminar e não cometer o ato ilícito. O mesmo acontece com certos idosos que, por degeneração do sistema nervoso, própria da senectude, perdem a capacidade de autodeterminação.

Já os que não conseguem compreender o caráter ilícito de um fato, jamais apresentarão capacidade de autodeterminar-se, uma vez que, em não reconhecendo algo como errado, não terão como deixar de fazer, ou não, determinada ação. Isto se dá, por exemplo, com os oligofrênicos e com alguns doentes mentais.

2. RESPONSABILIDADE PENAL

Só será, por lógica, responsabilizado por algum ato ilícito aquele que, porventura, o tenha cometido. Portanto, a imputabilidade penal é pré-requisito da responsabilidade penal. Assim sendo, todo responsável é obrigatoriamente imputável, mas nem todo imputável é responsável. Melhor explicando, todos somos imputáveis, desde que tenhamos discernimento e autodeterminação; mas só seremos responsabilizados por algum delito após o termos praticado. Afinal, não se pode culpar alguém por um ato de delinquência que não tenha cometido. Vale também dizer que delinquir pode se dar não só por uma ação deletéria, como também por uma omissão que cause prejuízo a outrem.

3. CAPACIDADE CIVIL

A capacidade civil depende de dois pressupostos básicos, por saber:
a) Capacidade de gerir a si mesmo e aos seus próprios bens materiais. Disso resulta que menores de idade, idosos com comprometimento da capacidade de entendimento, retardados mentais e alguns

doentes mentais, sendo incapazes de praticar esta espécie de gestão, são considerados civilmente incapazes;

b) Ter plena noção de sua própria existência, como individualidade e como parte de um todo social. O conhecer-se permite o reconhecimento das outras partes, imprimindo no sujeito a noção de indivíduo e coletividade. Assim, o primeiro pressuposto encontrará bases para manifestar-se.

Nos itens seguintes, veremos as condições que podem afetar, de maneira absoluta ou relativa, a manifestação da capacidade civil e da imputabilidade penal.

4. ALIENAÇÃO MENTAL

Alienar-se é "tornar-se alheio a". Desta forma, um indivíduo pode alienar-se de si mesmo, de outrem, do meio em que vive ou de todos estes citados. Como exemplo, podemos citar um doente mental que não consegue se ver como entidade social definida e que passa a se comportar e a se referir como sendo Jesus Cristo. Neste caso, encontra-se alienado de si mesmo. Se não reconhece seus amigos e familiares, ou mesmo as pessoas em geral, como sendo o que são, estará alienado de outrem. Caso não reconheça seu próprio ambiente, estará alienado do meio em que vive. É possível ainda a alienação em relação ao espaço-tempo. Guardemos estas informações, as quais nos serão de grande valia mais adiante.

5. DESENVOLVIMENTO MENTAL INCOMPLETO

O incompleto é aquele que ainda não se completou, mas que apresenta condições de fazê-lo. Desta forma, os menores de idade são ditos portadores de desenvolvimento mental incompleto. Assim sendo, são também considerados inimputáveis e civilmente incapazes até que completem a maturidade necessária para serem reclassificados com base nestes parâmetros. Lógico que, contextualizando, esta menoridade dependerá de cada constituição, em cada nação. Como exemplo, temos casos de crianças que, aos 12 anos de idade, após cometerem homicídios, foram julgadas e condenadas à prisão perpétua nos EUA, enquanto isso não é possível no Brasil, conforme nosso conjunto de leis.

6. DESENVOLVIMENTO MENTAL RETARDADO

Retardamento é atraso em relação à média geral. Isso implica dizer que os retardados mentais são todos os indivíduos cujo quociente de inteligência encontra-se aquém do esperado para sua idade cronológica. Veremos mais adiante acerca destes casos, quando estudarmos as oligofrenias. Óbvio, conforme maior o grau de retardamento mental maior será o de inimputabilidade, irresponsabilidade penal e de incapacidade civil.

7. DOENTES MENTAIS (PSICÓTICOS)

Doentes mentais são todos aqueles que apresentam dano funcional ou estrutural de seu sistema nervoso central, com afetação da afeição, emoção, comportamento e cognição.

8. PERTURBADOS MENTAIS (PSICOPATAS)

Os perturbados mentais caracterizam-se também pelo comprometimento da afeição, emoção, comportamento e raciocínio lógico. No entanto, diferenciam-se dos doentes mentais por apresentarem função e estrutura neurológica normal e terem seus distúrbios decorrentes de situações vivenciais, reacionais a determinadas situações de estresse intenso. Atualmente, há uma tendência a se relacionarem algumas alterações estruturais e/ou funcionais – inclusive de ordem genética, com tal perturbação. Veremos mais sobre ambos os casos na sequência deste capítulo. Vale lembrar que, modernamente, esta condição é considerada como sendo um Transtorno da Personalidade Antissocial.

9. DELÍRIOS

Quando nos reportarmos aos delírios, entenda-se que representam ideias absurdas, as quais não correspondem a uma realidade palpável. Trata-se do experimentar ideias mirabolantes, tal como achar que se está sendo perseguido por uma entidade inexistente, por exemplo. O principal distúrbio ocorre em nível da consciência, causando prejuízo da atenção, memória, orientação e discernimento.

10. ALUCINAÇÃO

A alucinação é a perturbação que resulta na percepção equivocada da realidade. É o ver, ouvir, sentir o cheiro ou perceber o tato de algo que na realidade é inexistente. Como exemplo, poderíamos citar o indivíduo que vê fantasmas, que ouve vozes de pessoas não presentes, que se diz tocado fisicamente por alguém ou algo que não existe.

11. ILUSÃO

A ilusão se difere da alucinação por apresentar objeto da percepção, apenas que interpretado de maneira errônea. É o ver a silhueta de uma árvore no escuro e interpretá-la como sendo um grande monstro ou ouvir o ruído do vento nos galhos de uma árvore e entendê-lo como sendo vozes do além, por exemplo.

12. ACERCA DAS EMOÇÕES E DAS PAIXÕES

Primeiramente, é necessário que se diga que emoção e paixão não excluem a responsabilidade penal, não justificando juridicamente a alegação de que se cometeu algum delito pelo fato de "estar de cabeça quente" ou por "ter perdido a cabeça". No entanto, a violenta emoção será sempre levada em conta, constituindo atenuante, conforme análise de cada caso em particular. E é bastante importante esta visão, haja vista o uso indiscriminado desse argumento em nosso meio jurídico.

Numa visão puramente médica ou psicológica, a emoção intensa é fator que compromete o entendimento e a volição do indivíduo, podendo gerar graves reações ou mesmo amnésia do momento. Mais ainda, cada ser reage diversamente diante de um quadro de súbita ou intensa emoção e tal reação será mais ou menos agressiva conforme a personalidade e o caráter de cada um.

Emoção significa descarga nervosa súbita e de breve duração, acompanhada de aspectos físicos concomitantes, tais como taquicardia, sudorese, turvação visual, voz embargada, choro compulsivo, além de tantos outros.

Paixão é emoção duradoura, crônica, monopolizadora. Trata-se de sentimento que pode subtrair do indivíduo a sua própria vontade, fazendo-o

MEDICINA LEGAL
LEONARDO MENDES CARDOSO

perder a razão e o bom senso. Disso pode decorrer a vingança, o ódio, o fanatismo, o egoísmo, a ideia obsedante e até o crime.

A lei nos diz que constitui atenuante para o crime emocional quando o mesmo for praticado sob a influência de violenta emoção, provocada por ato injusto da vítima. Vale acrescentar, a título de consulta, os seguintes artigos do Código Penal:

> Art. 65. São circunstâncias que sempre atenuam a pena:
>
> I – ser o agente menor de 21 (vinte e um), na data do fato, ou maior de 70 (setenta) anos, na data da sentença;
>
> II – o desconhecimento da lei;
>
> III – ter o agente:
>
> a) cometido o crime por motivo de relevante valor social ou moral;
>
> b) ter procurado, por sua espontânea vontade e eficiência, logo após o crime, evitar-lhe ou minorar-lhe as consequências, ou ter, antes do julgamento, reparado o dano;
>
> c) cometido o crime sob coação a que não podia resistir, ou em cumprimento de ordem de autoridade superior, ou sob a influência de violenta emoção, provocada por ato injusto da vítima;
>
> d) confessado espontaneamente, perante a autoridade, a autoria do crime;
>
> e) cometido o crime sob a influência de multidão em tumulto, se não o provocou.
>
> Art. 66. A pena poderá ser ainda atenuada em razão de circunstância relevante, anterior ou posterior ao crime, embora não prevista expressamente em lei.

Estes artigos são do Código Penal de 1940, que entrou em vigor em 1º de janeiro de 1942. A Parte Especial do Código (arts. 1º a 120) foi reformada em 1984, pela Lei n. 7.209, de 11 de julho de 1984. A redação transcrita é do texto reformado e que está em vigor.

A emoção e a paixão podem funcionar como:

a) Atenuante;

b) Causa de diminuição da pena, ou

c) Excludente de culpabilidade.

CAPÍTULO 7
PSICOPATOLOGIA FORENSE | 105

Vejamos:

a) Como atenuante: aplica-se o art. 65, III, "c", última parte do CP. Pode também ser aplicado o art. 66. Neste caso, o juiz reconhecerá a existência de circunstância atenuante da pena, não expressamente prevista no art. 65.

O art. 28 do Código Penal prescreve que "Não excluem a imputabilidade penal: I – a emoção ou a paixão; (...)". Por não excluir a imputabilidade e, portanto, a culpabilidade, é que o crime persiste e o agente terá direito, apenas, a uma atenuação da pena.

b) Como causa de diminuição da pena: as causas de diminuição da pena são reconhecidas quando a lei penal prevê a diminuição da pena em termos de uma percentagem (a pena diminui-se de um a dois terços, até metade, etc.), podem estar na Parte Geral ou na Parte Especial do Código Penal.

O § 1º, do art. 121, prevê uma causa de diminuição da pena para o homicídio privilegiado: "Se o agente comete o crime impelido por motivo de relevante valor social ou moral, ou sob o domínio de violenta emoção, logo em seguida a injusta provocação da vítima, o juiz pode reduzir a pena de um sexto a um terço".

Há uma causa geral de diminuição da pena, quando o agente age em virtude de perturbação mental que o impeça de entender inteiramente o caráter ilícito do fato nem de determinar-se de acordo com este entendimento.

Reza o parágrafo único do art. 26 do Código Penal: "A pena pode ser reduzida de um a dois terços, se o agente, em virtude de perturbação da saúde mental ou por desenvolvimento mental incompleto ou retardado não era inteiramente capaz de entender o caráter ilícito do fato ou de determinar-se de acordo com esse entendimento".

13. QUAL A DIFERENÇA ENTRE "ATENUANTE" E "CAUSA DE DIMINUIÇÃO DA PENA"?

Trata-se de uma questão técnico-jurídica que, em suma, será levada em consideração no momento do cálculo da pena na sentença penal condenatória. O cálculo da pena é feito em três fases: na primeira, o juiz fixará a pena-base, levando-se em conta a pena prevista no artigo de lei em que o réu foi condenado (tipo penal); na segunda fase, levará em conta as atenuantes e agravantes; e, por último, as causas de diminuição e de aumento.

c) Exclusão de culpabilidade: se a emoção (e/ou paixão) se transfigura em distúrbio mental, de modo que o agente não tem consciência de suas ações, ou, tendo consciência, não consegue determinar-se (controlar-se), aplica-se o art. 26 do Código Penal, que prevê:

> "Art. 26. É isento de pena o agente que, por doença mental ou desenvolvimento mental incompleto ou retardado, era, ao tempo da ação ou da omissão, inteiramente incapaz de entender o caráter ilícito do fato ou de determinar-se de acordo com esse entendimento."

Há, no entanto, que se diferenciar emoção-sentimento de emoção-choque. No primeiro caso, temos um estado afetivo durável, equilibrado, repleto de representações de bom significado e de boas intenções, ou mesmo de sentimentos de repulsa ou de desprezo, que não arquiteta o mal contra seu desafeto. Já no segundo caso, temos um estado psíquico e físico alterado, gerando o rompimento brusco do equilíbrio afetivo e conduzindo o indivíduo a atos impensados.

Há que se levar em conta, também, os casos de emoção patológica, em que o ser jurídico apresenta predisposição para a emoção violenta, acompanhado de estado alterado de consciência de forma transitória. Assim se dá com os epilépticos do lobo temporal, com os intoxicados alcoólicos e com os hipertiroideos, por exemplo.

Concordando com o Prof. Dr. Renato Posterli, em sua obra *Aspectos da Psicopatologia Forense Aplicada* (cf. Referências), podemos afirmar que "nem todo crime por paixão é passional, bem como, nem todo crime por emoção é emocional". Para tanto, esse autor se baseia no fato de que, nos verdadeiros crimes emocionais, não encontramos premeditação, bem como, ao retornar o agente ao seu estado de lucidez, quase sempre se entrega ao remorso, abatimento e alterações decorrentes do ato cometido.

Dessa forma, podemos, por exemplo, ter um indivíduo que, movido por paixão intensa, premedita a morte de um ser o qual julga amar perdidamente – "Se não pode ser minha não será de mais ninguém!" – e outro que, também movido por intensa paixão, age no ímpeto de uma discussão com a pessoa amada, matando-a, ao ser por ela abandonado, sem que haja premeditado ou, até mesmo, querido tal resultado de forma consciente.

14. ACERCA DOS ESTADOS DE EMBRIAGUEZ ALCOÓLICA E ALCOOLISMO

Iniciemos considerando que embriaguez não é termo específico para a ingestão de bebidas alcoólicas e suas consequentes manifestações neuropsicossomáticas, mas algo genérico e que pode ser usado para designar estados em que haja obnubilação da consciência, acompanhada de torpor e embargo da marcha e da fala. Assim sendo, o sono excessivo e não satisfeito pelo ato de dormir, pode configurar também um estado de embriaguez, podendo daí decorrer até mesmo acidentes de trânsito, por exemplo. Outra diferenciação necessária se faz entre embriaguez alcoólica e alcoolismo. Em relação à primeira, podemos afirmar que se trata do conjunto de manifestações neuropsicossomáticas decorrentes do uso agudo e acima de determinada quantidade – variável para cada indivíduo, embora se possa ter uma média deste volume ingerido capaz de intoxicar, de forma episódica e passageira. Quanto ao segundo, trata-se de um conjunto de alterações neurológicas e físicas determinando perturbações psíquicas e orgânicas, consequentes à ingestão descontrolada e continuada de bebidas etílicas.

A embriaguez apresenta três fases distintas: agitação, confusão e sonolência. Na primeira, teremos um estado de excitação neurossensorial, tornando o indivíduo mais ativo, com melhora do humor, verborreico, com perda do senso de intimidade própria ao ponto de revelar segredos pessoais e de outrem e com exacerbação de sua labilidade emocional.

Na segunda fase, teremos perturbações nervosas que conferem ao indivíduo um andar cambaleante, desarticulação da fala (voz embargada), perda da coordenação motora, irritabilidade, choro ou riso fácil e tendência a um aumento da agressividade. É a fase de maior interesse para a Medicina Legal.

Na terceira fase, teremos uma inconsciência de instalação progressiva, iniciando-se com a incapacidade de deambulação e indo até o sono profundo. Tal pode ocorrer até que o indivíduo alcance um estado verdadeiramente comatoso, a partir do qual perceberemos uma dilatação pupilar não fotorreagente, relaxamento dos esfíncteres (urinar e evacuar nas vestes) e profunda sudorese fria. Aqui o embriagado já estará "fora de combate".

MEDICINA LEGAL
LEONARDO MENDES CARDOSO

Conforme as leis penais, quem se coloca nessas condições, acima descritas, de forma deliberada – culposa ou dolosa, para cometer um delito, é considerado imputável, uma vez que a responsabilidade penal incidirá sobre tal agente no momento em que ele se dispõe a embriagar-se e não no momento em que comete o crime. Criar coragem por meio da ingestão alcoólica é motivo de imputabilidade, enquanto que se embriagar para que ter mais condições para a prática do delito é agravante. Tudo irá depender se, no momento do ato de embriagar-se, havia, ou não, a intenção delituosa. Se o indivíduo tinha consciência de que se embriagando iria perder a consciência, assume a responsabilidade pelos princípios da imprudência e da negligência.

Se, no entanto, a embriaguez é fortuita e acidental ou patológica, inexiste a responsabilidade nestes casos. Há que se dizer que, nos casos dos alcoólatras, temos a necessidade da avaliação do grau de comprometimento psíquico do mesmo, afetando-lhe, ou não, a capacidade de discernimento e a autodeterminação. Nestes casos, teremos a aplicação de medida de segurança com imposição de tratamento especializado, com consequentes exames posteriores, até que se possa restabelecer a total liberação do indivíduo em questão.

15. DAS DROGADIÇÕES E DE SUAS IMPLICAÇÕES LEGAIS

Não iremos aqui realizar um tratado sobre cada uma das drogas químicas e de seus efeitos, mas nos ateremos aos aspectos médico-legais envolvidos no tema.

Toxicomania – atualmente é melhor usarmos os termos drogadição e dependência química em substituição a vício ou mesmo toxicomania, refere-se ao uso de substâncias excitantes e/ou alucinógenas, interferindo, portanto, no comportamento do indivíduo de forma aguda ou crônica. Naqueles casos em que o uso se dá de forma ocasional, dizemos que é de ocorrência acidental. Nos demais casos, afetando indivíduos de caráter fraco, debilidade espiritual, devido a fugas por angústia, fracasso e decepções várias, dizemos que é de ocorrência constitucional.

Segundo a nossa lei, o simples consumo não mais configura crime, mas, sim, doença de notificação compulsória passível de tratamento. No entanto, produzir, comercializar, exportar, importar, fornecer, mesmo

CAPÍTULO 7
PSICOPATOLOGIA FORENSE | 109

que gratuitamente, sem autorização ou em desacordo com a lei, configura crime sujeito às sanções legais. Há, portanto, casos nos quais tal uso pode-se dar por recomendação médica com finalidades terapêuticas e que devem ser considerados à parte, até mesmo porque aqui se enquadram as substâncias psicotrópicas, reguladas pelo Ministério da Saúde.

16. ACERCA DAS OLIGOFRENIAS

Aqui se enquadram os retardados mentais, ou seja, todos os que apresentem déficit de inteligência devido à parada ou ao atraso do desenvolvimento mental. Como já o afirmamos anteriormente, diferenciam-se dos casos de desenvolvimento mental incompleto, uma vez que estes ainda não completaram tal desenvolvimento, mas o farão progressivamente até atingirem a normalidade mínima esperada para a fase adulta. Enquanto os retardados são considerados como oligofrênicos, os incompletos são os que compõem a fase de infância e adolescência.

O termo oligofrenia – *oligo* = pouco + *phrenos* = espírito, força –, importa na redução do quociente intelectual (QI) abaixo de 90, indo até zero. Fica claro, então, que necessitaremos de uma graduação dos níveis de comprometimento da inteligência. Vejamos:

a) Retardamento mental leve: tais indivíduos alcançam uma idade mental equivalente a de uma criança de 12 anos, com QI entre 50 e 90. São ingênuos, crédulos, facilmente sugestionáveis, podendo existir casos em que são astutos e maliciosos. Apesar de terem certa noção de certo e errado, demonstram comprometimento da capacidade de autodeterminação. Como compensação de tal déficit, por vezes encontramos neste grupo aqueles que se esforçam de forma sobre-humana por meio dos estudos e até conseguem ter acesso a cursos superiores, com consequente colação de grau. A vida social e profissional destes pode até ser laureada de certo êxito.

b) Retardamento mental moderado: os acometidos deste grupo apresentam QI variando entre 25 e 50. A idade mental equipara-se a de uma criança entre 3 e 7 anos. São altamente sugestionáveis, impulsivos, agressivos e coléricos e com tendência a difícil relacionamento interpessoal, sobretudo no âmbito familiar. Devido a uma exacerbação do instinto sexual, são afeitos às manifestações eróticas em público ou cometendo atentados violentos ao pudor. Embora com grande dificuldade, podemos ter aqueles que aprendam a ler e a escrever, o que poderíamos considerar como "cartilha básica". Por falta de senso crítico, estão sujeitos à manipulação por parte de pessoas inescrupulosas.

c) Retardamento mental grave: a idade mental dos pertencentes a este grupo não ultrapassa a casa dos 3 anos, enquanto o QI, geralmente, varia de zero a 25. Esta gradação de QI poderá estar na dependência de um comparativo com a idade cronológica. Tais indivíduos não apresentam expressividade mímica nem verbal, personalidade nula ou quase nula, incapacidade de autodefesa e de cuidados básicos consigo mesmos, tendência a mendicância e relacionamento com o mundo da criminalidade.

Poderíamos também usar outra classificação, na qual teríamos:

1. Fronteiriços: QI entre 70 e 90.
2. Débeis mentais: QI entre 50 e 70.
3. Imbecis: QI entre 25 e 50.
4. Idiotas: QI abaixo de 25.

17. ACERCA DOS DOENTES MENTAIS

Já vimos anteriormente que os doentes mentais apresentam alterações funcionais ou estruturais do sistema nervoso central (SNC), redundando em comprometimento comportamental, emocional, sentimental e do raciocínio lógico. São, portanto, portadores de alienação mental, a qual pode estar nos três níveis já vistos: de si mesmos, de outrem e/ou do meio em que vivem.

Não se deve confundir alteração mental com alteração neurológica. Na primeira, teremos alterações do comportamento, da expressão emocional, da afetividade e da razão; na segunda, teremos basicamente déficits motores, com paralisias, parestesias, perturbação da fala, da audição, da visão, da marcha, entre outras complicações envolvendo o sistema neurovegetativo.

Como exemplo de uma doença mental do tipo estrutural, podemos citar uma epilepsia decorrente de traumatismo cranioencefálico (TCE). Pelo grupo das funcionais, citemos a esquizofrenia. A seguir, a título de estudo aplicado ao Direito, vejamos cada uma delas.

17.1 Epilepsia

Em grego, epilepsia quer dizer "aquilo que vem de surpresa/surpreender". Trata-se de afecção crônica do SNC, cujos surtos de convulsão, inconsciência e amnésia, são geralmente precedidos por uma aura premonitória. Tal aura pode apresentar-se de forma variada, desde sensação de cabeça pesada até alucinações visuais, olfativas e/ou auditivas. A inconsciência e a amnésia são fatores de alienação e, nestas crises, colocam o indivíduo afetado na condição de inimputabilidade penal e incapacidade civil.

Vale lembrar que nem todos os epilépticos estão sujeitos a crises de agressividade e violência. Tal comportamento, em geral, é mais comum naqueles casos de epilepsia acometendo o lobo temporal e, quando surge, o faz entre os ataques convulsivos mediante reação a ofensas recebidas.

Verificam-se dois tipos de epilépticos do ponto de vista jurídico: os alienados e os não-alienados. Também podemos falar, levando isso em conta, em crime epiléptico – aquele cometido pelo epiléptico na vigência de uma crise e motivado por ela, e crime de epiléptico – aquele cometido fora da crise e/ou sem relação com a doença em si. No primeiro caso, a Justiça o julgará penalmente irresponsável, enquanto que no segundo, poderá ser tido com imputável ou semi-imputável, conforme análise do caso. Cabe então aos peritos a verificação do grau de comprometimento mental do agente causador do delito e relação entre a doença e o fato.

17.2 Esquizofrenia

Não dá para se falar nessa entidade nosológica como uma doença única. Por sinal, a esquizofrenia é mais uma síndrome do que propriamente uma doença, haja vista a diversidade de manifestações clínicas possíveis. Trata-se da mais grave forma de deterioração mental, que se caracteriza pela presença de dois ou mais dos seguintes achados:

a) delírios;
b) alucinações;
c) discurso incoerente;
d) comportamento amplamente desorganizado ou catatônico;

e) embotamento afetivo, alogia ou avolição (sintomas negativos).

O curso desse mal é crônico com deterioração progressiva, geralmente em episódios (surtos), concomitante a uma afetação das funções social e ocupacional, na qual se vê o desleixo com os cuidados pessoais de higiene, com a aparência, com as relações interpessoais e com o próprio trabalho ou estudo.

Como já o dissemos acima, a esquizofrenia geralmente é uma condição mórbida florida quanto às suas formas de apresentação. Em sendo uma psicose endógena (de causa funcional), pode manifestar-se sob as seguintes formas:

a) Simples: surgimento insidioso e lento da deterioração mental, com embotamento afetivo, pensamento desorganizado, tendência ao isolamento social, indiferença, perturbação da memória, inteligência e raciocínio, sem surtos de alucinação, sem delírios, tendência a comportamentos extravagantes. Muitos dos ditos "vagabundos", assim o são por serem portadores desta forma de esquizofrenia, bem como algumas prostitutas, cafetões e ébrios habituais;

b) Hebefrênica ou desorganizada: de início na puberdade ou na fase de adulto jovem, caracteriza-se pela debilidade intelectual, alucinações e/ou delírios, comprometimento afetivo, indiferença ao meio social, perda dos sensos ético e estético, labilidade e variação da expressão, podendo chegar a impulsividade, irritabilidade e impertinência;

c) Paranoide: há a presença de delírio alucinatório, eco do pensamento, sentimento de estar possuído mentalmente por outrem, mania de perseguição, perda da personalidade e tendência a neologismos sem significados coerentes;

d) Catatônica: predomínio de alterações motoras, em que o paciente assume posturas geralmente antigravitacionais por períodos prolongados ou, contrariamente, agitação neuropsicomotora. Tendem à impulsividade, prática de homicídios e automutilação, com pouca manifestação delirante.

A forma paranoide é a mais implicada em questões legais, sendo as práticas delituosas perpetradas de maneira inesperada e repentina, sem motivos aparentes e geralmente incompreensíveis pela falta de nexo com que se apresentam.

17.3 Transtorno Bipolar do Humor (TBH)

Esta outra forma de psicose, antigamente denominada de Psicose Maníaco-Depressiva (PMD), não pode deixar de ser vista por nós, uma vez que, com as anteriores, completa o rol das doenças mentais mais frequentes. Outras existem e exercem influente papel no mundo jurídico, devendo ser buscadas em literatura mais extensa e apropriada.

Voltando ao estudo do TBH, este consiste de períodos distintos de comprometimento do pensamento, sentimento e comportamento. Haverá uma alternância entre a exacerbação e a depressão do humor, em que, em geral, o apetite e o sono são importantemente afetados. Seu início se dá costumeiramente na adolescência ou, no máximo, até os 30 anos de idade. Os episódios costumam ser múltiplos e com duração que varia de quatro a treze meses. Os surtos depressivos são geralmente mais prolongados e, no gênero feminino, as recaídas depressivas costumam ser mais comuns que no masculino.

Em termos forenses, a capacidade civil encontra-se comprometida nos episódios depressivos ou de excitação maníaca e, quanto aos aspectos relativos à imputabilidade penal, dever-se-á levar em conta o momento da prática delituosa por parte deste tipo de doente, bem como do nexo causal entre a enfermidade e o ato cometido. O grande problema pericial é relativo aos períodos ditos de intervalos lúcidos, nem sempre de fácil diagnóstico. Mais ainda, há uma tendência suicida, podendo, ou não, estar acompanhada pela prática do homicídio piedoso.

18. ACERCA DAS PERTURBAÇÕES MENTAIS

Aqui, como já exposto anteriormente, enquadram-se os até então considerados psicopatas, atualmente classificados como portadores de Transtorno da Personalidade Antissocial. Há também certos autores que as colocam como sendo neuroses ou mesmo divididas em sociopatias, condutopatias e carateropatias. Tais personalidades psicopáticas são consideradas por alguns estudiosos do ramo como sendo decorrentes de comprometimentos da afetividade e do caráter, advindos de situações vivenciais, tais como separação dos pais, presenciamento de crimes bárbaros, pai ou mãe alcoólatras e que impunham maus-tratos, entre outras. Seja como for, são comprometimentos evidentemente disposicionais do ponto de vista da Psiquiatria Forense.

Como também já exposto anteriormente, novas pesquisas apontam para uma base mais física como substrato para tais condições, inclusive com certo determinismo genético agindo como pano de fundo. Há uma tendência atual de se considerar tais perturbações como transtornos da personalidade, uma vez que tais indivíduos apresentam dificuldades de relacionamento com outras pessoas e não conseguem se ajustar às exigências da vida em sociedade.

Vários são os tipos possíveis desses transtornos, segundo a classificação da Organização Mundial de Saúde (OMS):

a) Hipertímicos: alegria exacerbada, descompromisso social ou funcional, constante euforia, prodigalidade e impaciência. Juridicamente, estão propensos aos escândalos, problemas conjugais e familiares, além de trabalhistas;

b) Explosivos: labilidade de humor com predominância de irritabilidade excessiva, comprometimento da afetividade, crises de explosão motora, gerando atos de violência;

c) Labilidade emocional: sofrem oscilações emocionais frequentes e desproporcionais, o que os leva a crises de choro, irritação e depressão;

d) Depressivos: apresentam depressão crônica do ânimo, tendência ao suicídio, mau humor e negativismo;

e) Astênicos: complexo de inferioridade, propensão ao suicídio por constante estado de depressão, são afeitos ao álcool e às drogas, introvertidos, inseguros e com esgotamento mental fácil;

f) Amorais: não se afeiçoam a ninguém ou a nada, são considerados antissociais, não experimentando sentimentos de bondade, piedade, vergonha, simpatia, honra ou misericórdia. Tendem a uma vida de prática de delitos;

g) Carentes de afeto: são teatrais e se acostumam tanto com as mentiras que inventam, que chegam a acreditar nas próprias mentiras contadas. São egocêntricos, hiperemotivos e exagerados naquilo que fazem ou expressam;

CAPÍTULO 7
PSICOPATOLOGIA FORENSE | 115

h) Fanáticos: tendem ao misticismo, à exacerbação dos sentimentos de religiosidade, em assumir lideranças políticas ou de grupos radicais, com ideias desproporcionais em torno de temas por vezes irrelevantes;

i) Autoinseguros: não confiam em si mesmos, complexo de inferioridade, tendem a se responsabilizar por atos que não lhes dizem respeito, influenciáveis, com delírio de autorreferência. Geralmente, são portadores de fobias e de obsessões. Não costumam representar riscos para si mesmos ou para a sociedade.

Estes portadores de personalidade desajustada e, portanto, anormais, enfrentam distúrbios que comprometem a convivência social dos mesmos, embora não se possa afirmar que a tendência à criminalidade seja um traço comum ou mesmo patognomônico. Basicamente, como interesse médico-legal, temos que, praticamente todos são privados do senso ético, não experimentando culpabilidade ou remorso. Assim sendo, o mais comum é que sejam considerados semi-imputáveis, embora haja quem os julgue imputáveis, o que, do ponto de vista médico, é uma incongruência.

Conforme exposto no *site* <http://www.psicosite.com.br/tra/out/personalidade.htm>, os portadores desse tipo de transtorno apresentam, em geral:

- atitude aberta de desrespeito por normas, regras e obrigações sociais de forma persistente;
- estabelecimento de relacionamentos com facilidade, principalmente quando tais são do interesse destes indivíduos; porém, dificilmente são capazes de mantê-los;
- baixa tolerância às frustrações e facilidade de explosão emocional diante de atitudes agressivas e violentas;
- incapacidade de assumirem a culpa do que fazem de errado, ou de aprenderem com as punições;
- tendência a culparem os outros ou defenderem-se com raciocínios lógicos, porém improváveis;
- insensibilidade aos sentimentos alheios.

Tais dados acima relacionados são editados no referido sítio da Internet pelo Dr. Rodrigo Marot, especialista em Psiquiatria e mestre em avaliação psicológica via Internet, tendo sido graduado pela Faculdade de Medicina da UFRJ, com posterior pós-graduação pelo Instituto Pinel-RJ.

Conforme Antônio de Pádua Serafim (*Psych.*, Ph.D, Coordenador do NUFOR – Núcleo de Psiquiatria e Psicologia Forense e Instituto de Psiquiatria – HCFMUSP), o termo psicopatia deve ser entendido como um agravante da personalidade antissocial. Quanto às causas, não há um consenso em relação a maior prevalência, portanto, fatores biológicos, psicológicos e sociais devem ser considerados. O que se tem discutido hoje são os marcadores somáticos, visto que vários estudos mostram que psicopatas não reagem a situações de estresse com ativação do sistema nervoso autônomo. Há hipóteses de disfunções das conexões entre o sistema límbico, principalmente a amídala cerebral e conexão com o córtex frontal. Outros aspectos indicados por ele, por meio de levantamentos literários, são:

- fatores psicossociais,
- neurobiológicos,
- lesões dos lobos frontais,
- volume da amídala cerebral,
- lesões bilaterais do hipocampo,
- alterações no corpo caloso,
- problemas de neurotransmissão, e
- disfunção serotoninérgica.

Acreditamos, concordando com vários autores da área em questão, que devam ser mais bem analisados e julgados distintamente, caso a caso. Seja como for, são indivíduos com perfil de insinceridade (mentirosos) e sem senso crítico moral, para os quais, acredita-se, não haja remédio ou terapias capazes de resolverem tal condição.

Capítulo 8

DO VALOR DAS PROVAS

Estudaremos, brevemente, acerca dos elementos formadores das provas, os quais devem corroborar para a livre convicção daquele que tem a missão de sentenciar. Relembremos-nos de que nosso Direito baseia-se no Direito Romano, o qual prega que "o juiz não deve ficar adstrito ao laudo", uma vez que incorpora a ideia de que a Justiça se deva fazer valer por meio do princípio da persuasão racional, ou seja, do livre convencimento baseado na razão. Mais ainda, lembremo-nos de que quem julga é o corpo de jurados, competindo ao juiz o estabelecimento da pena, após analisados todos os fatores atenuantes, agravantes, excludentes, etc.

Podem-se dividir tais provas em dois grupos distintos, a saber:

1. Provas subjetivas:
   a) confissão ou prova verbal;
   b) acareação;
   c) escrita ou documental;
   d) por presunção;
   e) por testemunho.
2. Provas objetivas:
   São as indiciais que podem ser de 3 tipos:
   a) manifestas;
   b) próximas;
   c) afastadas.

Analisemos, de forma sucinta, cada uma delas:

1. PROVAS VERBAIS

Trata-se da declaração, em juízo, da verdade dos fatos. Esta deve ser, obviamente, feita por pessoa idônea, por livre e espontânea vontade.

Se para o mérito de matérias no foro cível ela é a rainha das provas, no foro penal nem sempre será considerada como prova absoluta, uma vez que pode se fazer valer por diversos mecanismos alheios à realidade: remorso, preconceito, pertença religiosa, mecanismo de defesa, entre outros. Sua validade deverá estar reforçada pelo conjunto das provas.

2. ACAREAÇÃO

Refere-se ao *vis-à-vis*, ao enfrentamento face a face entre os acusados e/ou testemunhas ou vítimas, sempre que estes divergirem em suas declarações. Neste sentido, poderiam ser avaliados até mesmo os comportamentos emocionais das pessoas envolvidas.

3. PROVAS ESCRITAS

Aqui se enquadram os documentos (escritos ou fotográficos, públicos ou particulares), a serem apresentados pelas partes em qualquer fase do processo. Os documentos públicos têm valor absoluto, valendo por si mesmos; já os particulares, devem ser autenticados para que adquiram reconhecido valor. Em grande número de casos, tais documentos necessitam da avaliação pericial, investigando-lhes a autenticidade, a grafia, a assinatura.

4. PROVAS POR PRESUNÇÃO

Podem ser absolutas, como no caso da inimputabilidade dos menores de 18 anos de idade, ou relativas, como no caso de violência presumida contra os costumes. Tanto as absolutas quanto as relativas são ditas presunções legais. Há ainda as presunções comuns, as quais não impõem ao juiz a obrigatoriedade da dedução da existência do fato.

5. TESTEMUNHOS

O declarante da verdade, diante do julgador, compromete-se a revelar, de forma inequívoca, a positividade ou negatividade de um fato de interesse da Justiça, no caso em julgamento. Trata-se de prova lábil e falível. "A memória é a faculdade do esquecimento", não sendo, portanto, confiável, até mesmo por ser influenciável por diversos fatores emocionais e psicológicos. Por outro lado, não nos esqueçamos das coações, não tão raras em nosso meio.

6. INDÍCIOS

Exemplifiquemos tais circunstâncias com o encontro de objetos roubados na casa do acusado. Temos, então, que se trata de circunstâncias que guardam estreita relação com o fato investigado.

7. DEPOIMENTOS DE CRIANÇAS

Devem ser tidos em conta com reserva, uma vez que, por imaturidade do SNC e do psiquismo destas, sofrem influência da imaginação (imaginação fértil) e pelo caráter facilmente manipulável. Deverão, então, apresentar alto nível de confiabilidade, denotado pela coerência dos relatos e pela correlação lógica com os fatos. Lembrar-se sempre de que crianças, ao contrário do que se acredita, mentem tanto quanto adultos.

8. DEPOIMENTOS DE IDOSOS

Irá depender da higidez de cada indivíduo durante a senilidade. Não se pode tomar a unidade pela maioria. Lógico que é tendência senil a instalação de deterioração mental progressiva, com surtos amnésicos e redução da vitalidade. Cada caso deve ser analisado em separado e não há porque se recusar tais testemunhos, resguardando-se as devidas cautelas analíticas.

Capítulo 9

DO EXERCÍCIO DA MEDICINA

Nossa Constituição Federal nos assegura o direito de exercer qualquer ofício, trabalho ou profissão, resguardadas as condições legais de habilitação para tal. Assim, no caso da Medicina, necessária se faz a devida inscrição no Conselho Regional da categoria, o qual, por sua vez, submete-se ao Conselho Federal.

Dois tipos de concordância são necessários: formação técnica outorgada pela faculdade, seguida do registro no, acima descrito, conselho. Mais ainda, optando-se por uma especialidade específica, há que se registrar o diploma de pós-graduação ou residência médica – fornecido pela sociedade ou entidade educacional correspondente, no Conselho Regional.

Nos casos em que o profissional deixa de preencher os requisitos acima aludidos, incorrerá no chamado exercício ilegal da Medicina, o que o fará incidir em curandeirismo. Por tal delito, mesmo que não chegando a redundar em danos para outrem, estará o mesmo praticando o que chamamos de perigo contra a vida, o que determina sua inclusão sob a tutela de incolumidade pública.

Não só o falso médico está sujeito a esta tipificação, assim também os demais profissionais da área da saúde, tais como os dentistas práticos, por exemplo. No entanto, a lei exclui da responsabilidade os casos em que a prática se dá por necessidade emergente, tais como os acadêmicos de Medicina ou os leigos, com algum conhecimento da área médica, e que prestam socorro em locais em que não se possa ter outro que o faça.

Quanto ao termo "charlatão", aí se enquadram os que propagam poderes ou meios secretos e infalíveis de diagnóstico e cura. São charlatões os praticantes de métodos não aceitos pela comunidade científica e, portanto, desprovidos de valor reconhecido. Em geral, o fazem em busca de lucro financeiro ou pessoal. Tanto podem ser enquadrados aqui os leigos como os próprios médicos. Basta vermos o anúncio de fórmulas miraculosas de rejuvenescimento, para as quais não existem comprovações científicas.

O exercício da Medicina pode ser analisado sob dois pontos de vista: ou ele será realizado como atividade-meio ou como atividade-fim. Como meio, quando lidar com casos em que todos os esforços devem ser tentados, valendo-se de todos os recursos necessários e disponíveis para resolvê-los, apesar de não haver a exigência de se alcançar o sucesso. O sucesso, nestas situações, não irá depender apenas da correta atuação médica, mas também de fatores externos, tais como evolução natural da doença, resistência bacteriana a um determinado antibiótico, condições orgânicas do paciente, reações alérgicas inesperadas, entre outros. Assim, apesar de tudo realizado corretamente, poderão haver falhas alheias à vontade do médico e o resultado esperado não será alcançado.

Como atividade-fim, quando um resultado é prometido e esperado. É o caso das cirurgias plásticas estéticas, por exemplo. Imaginemos que um cirurgião plástico tenha prometido um visual "x" para uma determinada paciente, com um nariz afilado, uma boca com lábios carnudos, etc. e, ao fim, ela acaba tendo sua face deformada por inabilidade do médico. Ou uma plástica abdominal que ao final demonstre um umbigo excentrado... Há de se concordar que "o produto prometido não foi corretamente entregue".

Os médicos podem, então, errar por três mecanismos distintos: por imperícia – fazer sem conhecer e dominar uma determinada técnica, por imprudência – fazer o que não devia, e por negligência – deixar de fazer o necessário.

Quanto ao sigilo médico, o próprio Conselho Federal de Medicina (CFM) já se manifestou em relação ao fato, inclusive editando resoluções neste sentido, em que afirma que a privacidade, o sigilo e a confidencialidade são direitos intocáveis do paciente e dever inarredável do profissional médico. Lógico, há exceções previstas. Mas vejamos exemplos disso:

> RESOLUÇÃO CFM n. 1.614/2001
>
> Art. 6º O médico, na função de auditor, se obriga a manter o sigilo profissional, devendo, sempre que necessário, comunicar a quem

CAPÍTULO 9
DO EXERCÍCIO DA MEDICINA | 123

de direito e por escrito suas observações, conclusões e recomendações, sendo-lhe vedado realizar anotações no prontuário do paciente.

DO CÓDIGO DE ÉTICA MÉDICA (redação atualizada, 2010)

Capítulo IX – Segredo Médico

É vedado ao médico:

Art. 73. Revelar fato de que tenha conhecimento em virtude do exercício de sua profissão, salvo por motivo justo, dever legal ou consentimento, por escrito, do paciente.

Parágrafo único. Permanece essa proibição: a) mesmo que o fato seja de conhecimento público ou o paciente tenha falecido; b) quando de seu depoimento como testemunha. Nessa hipótese, o médico comparecerá perante a autoridade e declarará seu impedimento; c) na investigação de suspeita de crime, o médico estará impedido de revelar segredo que possa expor o paciente a processo penal.

Art. 74. Revelar sigilo profissional relacionado a paciente menor de idade, inclusive a seus pais ou representantes legais, desde que o menor tenha capacidade de discernimento, salvo quando a não revelação possa acarretar dano ao paciente.

Art. 75. Fazer referência a casos clínicos identificáveis, exibir pacientes ou seus retratos em anúncios profissionais ou na divulgação de assuntos médicos, em meios de comunicação em geral, mesmo com autorização do paciente.

Art. 76. Revelar informações confidenciais obtidas quando do exame médico de trabalhadores, inclusive por exigência dos dirigentes de empresas ou de instituições, salvo se o silêncio puser em risco a saúde dos empregados ou da comunidade.

Art. 77. Prestar informações a empresas seguradoras sobre as circunstâncias da morte do paciente sob seus cuidados, além das contidas na declaração de óbito, salvo por expresso consentimento do seu representante legal.

Art. 78. Deixar de orientar seus auxiliares e alunos a respeitar o sigilo profissional e zelar para que seja por eles mantido.

Art. 79. Deixar de guardar o sigilo profissional na cobrança de honorários por meio judicial ou extrajudicial.

Capítulo 10

DOS ABORTAMENTOS

Necessária se faz a distinção entre o que venha a ser abortamento no plano da Medicina e no plano do mundo jurídico. Em termos médicos, abortamento é a interrupção de uma gravidez até o final de 22 semanas de gestação, até 500 gramas de peso ou até 25 cm de estatura fetal, resultando deste ato a expulsão de um concepto sem vida ou mesmo inviável para vida extrauterina. Já no plano legalista, trata-se da interrupção de uma gestação a qualquer tempo antes do termo, desde que o produto desta concepção esteja morto ou inviável.

Quando tivermos uma interrupção extemporânea e o feto sobreviver, diremos que houve um parto prematuro ou uma aceleração de parto. Lógico que haverá, acerca da questão, muita discussão de mérito filosófico e cultural, uma vez que a vida na fase embrionária não se encontra ainda reconhecida como personalidade de direito, mas tão somente vida biológica, ainda em formação. Neste sentido, muitos doutrinadores julgam que aborto é, sim, um homicídio.

Óbvio que falamos aqui de abortamentos provocados ou induzidos, de forma acidental, dolosa ou culposa, e não daqueles espontâneos. É preciso esclarecer também que o termo "aborto" refere-se ao produto do ato de abortar (abortamento). Portanto, doravante, apesar de aparecer no Código Penal a expressão "aborto" em substituição à correta (abortamento), passaremos a utilizar o termo correto, visando uma correção científica do mesmo.

Vejamos a classificação jurídica desta prática adotada no Brasil.

1. ABORTAMENTO TERAPÊUTICO

Resulta de intervenção médica especializada, com o intuito de salvar a vida materna, naqueles casos em que a própria gestação produza risco de morte para tal. Considera-se, nestes casos, que a mãe tenha valor relevante em comparação ao feto, até mesmo porque não se tem a certeza de que o mesmo será capaz de sobreviver. Trata-se, portanto, de sacrificar o duvidoso em detrimento do certo. É o sacrifício do bem menor. Lembremo-nos de que nem sempre será necessária a aquiescência materna ou de seu responsável legal para que se efetive o abortamento. As circunstâncias ditarão a conduta. É também denominado de abortamento necessário.

2. ABORTAMENTO SENTIMENTAL

Nos casos de gestações advindas de estupro, julga-se que haja uma impossibilidade de manutenção da gravidez por questões psicológicas graves envolvendo a mãe, o feto e a família. Assim, há que se pesar este estado, visando a eliminação de profundo problema futuro, tanto para a própria criança a nascer quanto para a sociedade. Falaremos, então, em abortamento moral, sentimental ou mesmo piedoso. Muito há, ainda, que se discutir sobre o tema, em face das diversas vertentes filosóficas, morais e religiosas a serem consideradas.

3. ABORTAMENTO EUGÊNICO

A eugenia – favorecimento da geração de seres perfeitos e cada vez melhores, se necessário com a eliminação de conceptos defeituosos ou com carga genética indesejável, é um dos temas da moda no momento, aliado com clonagem, melhoramento genético e transgenia (maiores subsídios acerca destes assuntos poderão ser encontrados em livros de Biodireito e Bioética). Se há o direito de uma criança nascer plenamente saudável e perfeita, por outro lado, nada há que nos imponha a eliminação daquelas que porventura apresentem algum problema constitucional. Portanto, julgam-se passíveis de pena, os que assim se comportam, provocando o abortamento destes fetos como forma de eliminação de problemas. Aqui não devem ser enquadrados os casos de anencéfalos, uma vez que não sobrevivem para transmitir carga genética defeituosa para próximas gerações. O abortamento de anencéfalos atende a outros interesses, tais como os voltados para riscos à saúde materna e as alterações emocionais decorrentes da geração de uma monstruosidade e teve julgada como inconstitucional, pelo Supremo Tribunal Federal (2012) a sua criminalização.

4. ABORTAMENTO SOCIAL

É todo aquele que se dá por motivos econômicos, em que a mãe e/ou o pai se julgam impossibilitados de prover a manutenção de um(a) filho(a). O caminho da clandestinidade é geralmente o efetivado, enquanto os índices de mortalidade materna são alarmantes em vista das precárias condições em que são realizados. É forma criminosa e das mais frequentes em nosso meio.

5. ABORTAMENTO POR MOTIVO DE HONRA

É a causa mais frequente de abortamento e quer se justificar pela defesa da honra familiar. Igualmente ao exposto no item anterior, a clandestinidade exclui de pena a maioria dos casos, tanto no que diz respeito à mãe quanto àqueles que a conduzem – pais ou parceiros, bem como àqueles que o praticam – médicos(as), parteiros(as) ou outros. Aqui se verificam os maiores índices de óbito materno, sobretudo por hemorragias, infecções uterinas e/ou generalizadas e perfurações de estruturas intracavitárias.

Provocar abortamento, em si mesma, é passível de pena para a mulher, enquanto que, mesmo consentindo, aquele que provoca é considerado responsável no sentido penal, deixando de ter eficácia o consentimento da grávida. Em se tratando de abortamento provocado mediante fraude, grave ameaça ou violência, tem-se o mesmo entendimento do caso anterior. Nos casos em que há manifestação contrária ou a não aquiescência da grávida, o agente provocador do abortamento sofre agravamento da pena.

Capítulo 11

DOS ASPECTOS MÉDICO-LEGAIS DO CASAMENTO, SEPARAÇÃO E DIVÓRCIO

Aqui, o que nos interessa são as motivações médico-legais para os impedimentos e dissolução da sociedade conjugal. Vejamos acerca dos mesmos.

1. IMPEDIMENTOS DIRIMENTES PÚBLICOS

Dirimir significa destruir. Esses dirimentes públicos, portanto, anulam o matrimônio de forma absoluta, podendo tal proposição ser feita por qualquer pessoa interessada ou mesmo pelo Ministério Público. A intenção dessa matéria jurídica visa a uma proteção moral e ética da família. Assim teremos:

a) Parentesco: no qual a consanguinidade possa gerar problemas deletérios para a constituição física ou mental da prole. Será necessária a realização de perícia afastando tal possibilidade, para que este tipo se faça nulo;

b) Vínculo: quando um dos cônjuges já for casado – princípio da monogamia;

c) Adultério: não como impedimento em si, mas tão somente como intimidação do casamento do adúltero com o corréu (vale conferir o texto acerca das reformas do Código Penal);

d) Crime: quando os pretendentes ao matrimônio – um ou ambos, tiverem sido condenados por tentativa ou consumação de homicídio sobre o cônjuge do outro.

2. IMPEDIMENTOS DIRIMENTES PRIVADOS

São todos os possíveis de fundamentar a anulação de um matrimônio:

a) Coação: estará na dependência de quem consentiu sob coação, uma vez que poderá, por própria iniciativa, vir a, realmente, consentir com tal vínculo.

b) Incapacidade de consentir: como nos casos de menores de 14 anos de idade e aqueles com problemas de ordem neurológica (surdimutismo, por exemplo) ou mental.

c) Por rapto: se o matrimônio foi consumado enquanto a raptada se encontrava em poder do raptor (vale conferir o texto acerca das reformas do Código Penal).

d) Falta de consentimento paterno: quando este se fizer legalmente obrigatório (sob poder de família).

e) Por questões de idade: por motivos éticos, biológicos e jurídicos, para os homens menores de 18 anos de idade e mulheres menores de 16 anos.

3. IMPEDIMENTOS PROIBITIVOS

Estes propõem sanções ao matrimônio consumado, sem afetarem sua validade:

a) Resguardo do prazo de viuvez ou de nulidade de casamento anterior: o que aqui se tenta proteger é uma possível paternidade resultante do casamento anterior. Então, estipula-se um prazo mínimo de 10 meses após o começo da viuvez para que a mulher contraia novo matrimônio.

b) Prazo de aguardo do inventário: o viúvo ou viúva que tiver filho(s) do(a) falecido(a), deverá aguardar o inventário e a partilha dos bens do casal para que venha a contrair novas núpcias.

c) Acerca da tutela e curatela: proíbem-se os enlaces entre os curadores ou tutores, bem como de seus filhos, irmãos, cunhados, sobrinhos com o(a) tutelado(a) ou curatelado(a), caso ainda não saldadas as contas, exceto em caso de permissão paterna ou materna por escrito ou mediante testamento.

d) Acerca da identidade, da honra e da boa fama: trata-se de matéria a ser julgada em cada caso, uma vez que é ainda ponto subjetivo e discutível. Prostituição ignorada, ébrios habituais, jogadores contumazes, corrupção, torpeza, homossexualismo, drogadição, cometimento de crime inafiançável antes do matrimônio; todos estes citados, desde que desconhecidos da outra parte, bem como erros de identidade, configurariam esta categoria.

e) Defeito físico irremediável: desde que ocultados ou dissimulados, levando o cônjuge ao desconhecimento do fato. Há que ser, como exposto, defeito físico irremediável, irreparável, capaz de gerar repulsa e inibição para o ato sexual. Assim podemos citar pênis gigantes, ausência de pênis, impotência para o ato sexual irremediável, perversões sexuais, moléstias graves e transmissíveis por contágio ou herança; enfim, condições graves, para as quais não haja possibilidade de reparação e que comprometam a relação do casal de forma inequívoca.

Aconselhamos que o leitor estenda sua leitura acerca do tema, procurando aprofundar seus conhecimentos, conforme suas necessidades e interesse.

Capítulo 12

BREVE RELATO ACERCA DA VITIMOLOGIA

Segundo o advogado de origem israelita, Benjamin Mendelsohn, que publicou obra importante, incluindo artigo sobre o tema no ano de 1956, temos basicamente três tipos de vítima. Vejamos:
a) Vítimas ideais: são todas aquelas que nada têm a ver com o fato, configurando-se como "a pessoa errada, no lugar errado e na hora errada". Por exemplo, poderíamos citar as vítimas de balas perdidas.
b) Vítimas colaboradoras: tratam-se daquelas que, de alguma forma, propiciam a execução do fato delituoso contra elas mesmas. Alguém que largasse o carro aberto, com sua carteira ou pertences dentro e a chave no contato, em local e horário favoráveis à subtração de tais bens, se enquadrariam nesta categoria.
c) Vítimas agressoras: todas aquelas que são lesionadas por outrem em decorrência de o terem agredido em primeiro lugar. O agressor a agrediria, pois, em decorrência de ter sido agredido antes. "Para não ser machucado, machuco antes." Aqui se incluem os casos de legítima defesa.

Ainda, tomando-se por base os estudos de Benjamin Mendelsohn acerca do tema, temos que *víctima* (latim) refere-se ao animal ofertado em ação de graças pelos benefícios recebidos. Tais estudos foram apresentados e configuraram-se como um marco na Vitimologia a partir da conferência de Benjamin Mendelsohn, na Universidade de Bucareste, em 1947, sob o título: "Um Horizonte Novo na Ciência Biopsicossocial: A Vitimologia". À ocasião, ele a dividiu basicamente em duas categorias:

MEDICINA LEGAL
LEONARDO MENDES CARDOSO

- primária, a qual ocorre quando a vítima sofre a conduta do criminoso; e
- secundária, que é aquela ocorrida posteriormente, quando a vítima sofre as agruras da investigação criminal e do processo-crime. Ex.: vítima acusada pelo advogado do réu de haver provocado o estuprador; vítima maltratada por agentes públicos; riscos para a vítima ocorridos pós-delito.

Numa classificação mais aprimorada, temos:

a) **Vítimas Participantes**: São aquelas que desempenham determinado papel na origem do delito. Exemplo: Pessoa que descuida do seu patrimônio. Vítima provocadora;

b) **Vítimas Voluntárias**: Aquelas que querem tornar-se vítimas. Exemplos: Pessoa que solicita a eutanásia, o suicida etc;

c) **Vítimas** não participantes ou vítimas **ideais**: Aquelas que não contribuem em nada para a ocorrência do delito;

d) **Vítimas Acidentais**: São aquelas que surgem no caminho do delinquente;

e) **Vítimas Indiscriminadas**: Vítimas de atos terroristas;

f) **Vítima Vaga**: No caso dos "Crimes vagos". Exemplos: Vítimas de tráfico de drogas, de poluição ambiental... O que se lesa não é alguém específico, mas uma comunidade;

g) **Vítimas Coletivas**: Pessoas jurídicas;

h) **Vítimas Simbólicas**: Quando a(s) pessoa(s) atingida(s) não é (são) o(s) alvo(s) principal(is), mas servem como símbolo ou exemplo de um fim maior. Exemplo: Vítimas do terrorismo;

i) **Vítimas Falsas**: Casos de denunciação caluniosa;

j) **Vítima Imaginária ou Putativa**: A pessoa não foi vítima, mas, diferentemente do caso anterior, não sabe disso. Acredita fielmente ter sido vitimada por erro ou alienação mental;

k) **Vítima Latente** ou por **Tendência**: Aquela que tem uma disposição permanente e inconsciente para ser vítima, vindo dessa forma a atrair os delinquentes;

l) **Vítima Intrafamiliar**: Aquela que sofre a vitimização no seio familiar. Exemplo: Violência doméstica;

m) **Vítima Nata**: Aquele que é predestinado a ser vítima. Conceito combatido pela doutrina mais moderna. Para Edmundo de

CAPÍTULO 12
BREVE RELATO ACERCA DA VITIMOLOGIA | 135

Oliveira podemos ser: "condicionados, mas nunca determinados". Lola Anyar Castro, por seu turno afirma: "(...) talvez a única vítima nata (...) seja Jesus Cristo, que, como Messias Espiritual, veio ao mundo para padecer com resignação até morrer assassinado, dando a vida para libertar e salvar a humanidade". (*La Victimologia, Maracaibo*: Universidad del Zulia, 1969, p. 63-64);

n) **Vítima por Desonestidade Própria**, como por exemplo: Fraude ou torpeza bilateral no estelionato.

Complementarmente, vale conferir os *sites*:

<http://www.advogado. adv.br/artigos/2004/vladimirbregafilho/reparacao.htm>, o qual traz importante referência sobre o tema da vitimologia.

<http://jus2.uol.com.br/doutrina/texto.asp?id=5061>, onde Sandro D'Amato Nogueira, conciliador do Juizado Especial Cível de Guarulhos, membro Colaborador do Instituto Paulista de Magistrados (IPAM), pós-graduado pela Escola Superior de Direito Constitucional, expõe importante estudo por ele realizado acerca do tema em pauta.

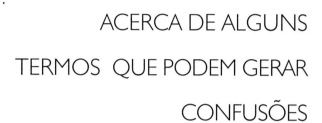

Capítulo 13

ACERCA DE ALGUNS TERMOS QUE PODEM GERAR CONFUSÕES

Após as duas primeiras edições desta obra, percebemos, usando-as em sala de aula, que alguns termos ainda são incompreendidos ou mesmo capazes de gerar confusão. Este capítulo revisto se propõe a dirimir tais dúvidas, acrescentando a esta edição novos outros termos e expressões que necessitam de clarificação. Vejamos:

– **Degola:** basta lembrarmos que a gola da camisa toca a parte posterior do pescoço, então, degola refere-se à lesão incisa ou cortocontusa feita na região cervical posterior e não na parte anterior, como geralmente se pensa.

– **Esgorjamento:** esta lesão, também incisa ou cortocontusa, é aquela realizada na parte anterior e/ou lateral do pescoço, afetando-lhe a garganta ou os vasos (veias e artérias) de maior calibre desta região. Basta lembrarmos que um pássaro ao cantar está gorjeando, ou seja, usando sua gorja. Gorja é o mesmo que garganta, daí o termo esgorjar.

– **Decapitação:** é a decepação da cabeça, separando-a do corpo mediante ação cortante ou cortocontundente.

– **Estrangulamento:** é a constrição cervical feita a partir do uso de um instrumento em forma de fita, cordão, corda ou faixa e que depende da força de alguém ou de algum mecanismo para agir. Este alguém é, em geral, uma terceira pessoa e menos comumente a própria vítima. O sulco deixado no pescoço da vítima é regular, sem interrupções e geralmente horizontalizado. Determinados autores, a exemplo de Hercules (2005), aceitam o uso de segmento de membros humanos como objeto de tal

MEDICINA LEGAL
LEONARDO MENDES CARDOSO

138

ação. Já outros colocam o uso de segmentos de membros (pernas, por exemplo) como sendo também esganadura.

– Enforcamento: aqui a força é, ao contrário daquelas vistas nos casos de estrangulamento, exercida pelo peso da própria vítima que pende sob o laço. A lesão terá aparência de sulco interrompido na região da laçada e mais profunda no lado oposto. Geralmente, é vista em sentido oblíquo.

– Esganadura: a constrição do pescoço se dá por meio do uso da força do próprio agressor e o objeto utilizado para tal será a mão, o braço (a famosa gravata) ou a perna deste executante. Sinais ungueais característicos são, via de regra, encontrados no pescoço da vítima quando o agressor usa as mãos para a prática desse crime. Lembrar-se da divergência conceitual entre os autores com o ato de estrangulamento.

– Estupro: antes considerado crime próprio, com a reforma imposta ao Código Penal em 2009, passou a incorporar os atos até então pertencentes à categoria do "atentado violento ao pudor". Desta forma, envolve a conjunção carnal e todos os atos libidinosos diversos daquela, desde que perpetrado mediante violência ou grave ameaça. Deixou de ser crime contra os costumes e passou para o novo rol dos crimes contra a liberdade sexual. Quando cometido contra aqueles que não dispõem de capacidade de consentimento por algum motivo (oligofrênicos, menores de 14 anos, dementes senis, cego-surdos-mudos, comatosos etc.), enquadra-se como estupro de vulneráveis.

– Abortamento de anencéfalos: o termo anencefalia é, no mínimo, equivocado, uma vez que não há, nesses casos, ausência do encéfalo. O encéfalo é constituído por cérebro, cerebelo e tronco cerebral. A parte afetada é geralmente o cérebro, o qual estará anatômica e funcionalmente afetado. Suas demais partes podem estar íntegras ou não, em geral não. O tronco cerebral é o responsável pela vida vegetativa, enquanto o cérebro proporciona a vida de relação. Assim sendo, os bebês anencéfalos possuem a capacidade de nascimento com vida vegetativa e isso importará para as questões de Direito Sucessório. Recentemente, tivemos o julgamento desses casos pelo Supremo Tribunal Federal – STF, o qual julgou inconstitucional a criminalização deste tipo de abortamento.

– Bala e projétil de arma de fogo (PAF): bala é o conjunto – espoleta, estojo, carga de pólvora e projétil, enquanto o PAF é apenas a parte propelida

CAPÍTULO 13
ACERCA DE ALGUNS TERMOS QUE PODEM GERAR CONFUSÕES | 139

durante o disparo e que irá alcançar o alvo. Por saber, gases liberados, pólvora combusta e incombusta, fragmentos de bucha e impurezas do cano da arma também poderão alcançar o alvo, na dependência da distância do disparo. Então, reforçando o que foi exposto ao início, o PAF será apenas a parte metálica (geralmente de chumbo nu ou revestido por liga metálica) que, ao atingir um indivíduo, irá gerar no mesmo uma lesão perfurocontusa. Tiros de raspão podem determinar lesões com outras características, tal como a lesão em calha. Tanto faz usarmos o termo projetil quanto projétil, pois é palavra de dupla prosódia.

– **Laudo e auto periciais:** embora ambos sejam tipos de relatórios médico-legais, o primeiro é realizado pelos próprios legistas que procedem à perícia, enquanto o segundo é por eles ditado ao escrivão, que o digita. No caso dos autos, cabe ao perito a revisão do que foi digitado pelo escrivão, assinando tal documento após suas devidas correções.

– **Desenvolvimento mental retardado:** é quando um determinado indivíduo apresenta desenvolvimento mental abaixo daquele esperado para sua idade. Este retardamento pode ter causa congênita ou adquirida. Incluem-se aqui os chamados oligofrênicos.

– **Desenvolvimento mental incompleto:** é quando o desenvolvimento mental é ainda pequeno quando comparado com o de indivíduos já maduros, porém encontra-se normal para a faixa etária da pessoa em análise. Ele ainda não se completou, mas tem todas as condições de se completar com o passar do tempo, atingindo a normalidade comum à fase adulta.

– **Eletrocussão:** morte causada por descarga de energia elétrica.

– **Eletroplessão:** passagem de energia elétrica pelo corpo sem causar a morte.

– **Fulguração:** descarga de energia elétrica natural (raio) sem determinar a morte da vítima.

– **Fulminação:** morte causada por descarga de raio atmosférico.

Observação: O grande mestre e incentivador de nossos trabalhos, Hygino de Carvalho Hercules, em sua grandiosa obra *Medicina Legal – Texto e Atlas* (Atheneu, 2005), discorda do uso dos termos eletrocussão e fulminação, generalizando o uso de "eletroplessão" para todos os acidentes, com ou sem morte, por descarga de eletricidade artificial e de "fulguração" para todos os casos de acidente com eletricidade natural.

MEDICINA LEGAL
LEONARDO MENDES CARDOSO

– **Cena do crime:** refere-se ao ato ou atos em si. É o próprio crime em sua fase de execução. Não deve ser confundido com cenário (local) dos fatos.

– **Local do crime:** não deve ser confundido com cena do crime. Local do crime representa o espaço físico ou espaços físicos onde se passou o ato delituoso. Apresentará vestígios relacionados com ação criminosa. Como nem sempre sabemos se o local se refere a um local de crime, melhor usarmos a expressão "local dos fatos" quando ainda na fase de investigação.

– **Morte cerebral:** na realidade, o indivíduo nesta situação ainda encontra-se vivo, porém num estado que chamamos de vegetativo. Para melhor compreensão deste e do termo seguinte, é preciso saber que o conteúdo da caixa craniana é denominado de encéfalo – *en* = dentro + *cephalo* = cabeça –, e é composto de cérebro, cerebelo e tronco cerebral. Cada uma dessas partes tem um conjunto de funções específicas. O cerebelo está basicamente relacionado ao sistema de equilíbrio corporal; o cérebro cuida da vida de relação e, portanto, apresenta funções como memória, raciocínio, emoções, sentimentos, inteligência, audição, visão, olfato, tato, paladar, percepção da dor...; e o tronco, por sua vez, se relaciona com a vida vegetativa e dependente dos instintos. Nele, estão os centros da sede, da fome, do vômito, do apetite sexual, da pressão arterial, da respiração... Enfim, de tudo o que possa nos manter vivos. Portanto, na morte cerebral o que está comprometido é o funcionamento do cérebro, perdendo-se, obviamente, as funções dele dependentes. Então, quem se encontra em morte cerebral ainda respira espontaneamente e não necessita de ventilação mecânica (aparelho respirador). O coração também estará em funcionamento. Neste tipo de "morte" não há que se falar em captação de órgãos para transplante.

– **Morte encefálica:** com base no anteriormente exposto, na morte encefálica teremos o comprometimento das funções encefálicas. Portanto, o indivíduo não apresentará nem vida de relação nem vida instintiva. Todos os reflexos estarão abolidos, não haverá percepção de dor, comunicação do indivíduo com o meio externo, nem tampouco respiração espontânea. Aqui sim, será obrigatória a instalação da ventilação mecânica. Como o coração tem seu próprio centro de condução (rever sobre tal no capítulo 6, item 1 – Dos sinais de certeza da morte), ele continuará funcionando por breve, porém, indeterminado tempo, desde que o paciente esteja conectado ao respirador artificial. É essa a condição necessária para a captação de alguns órgãos para transplantes, ou seja, daqueles que necessitem de boa perfusão sanguínea para que estejam aptos à captação – coração, rins, fígado, pâncreas, entre outros. Não se cogita a captação de órgãos para transplante na morte cerebral, até mesmo por que existe resolução do próprio Conselho Federal de Medicina – CFM – neste sentido, amparando o que está normatizado na Lei 9.434/1997 (Lei dos Transplantes).

– **Patologia:** *pathos* = doença + *logos* = estudo. Portanto, patologia é a ciência que estuda as doenças e suas manifestações clínicas. Assim, não se deve usar tal termo como sendo sinônimo de condição mórbida, moléstia, enfermidade ou doença.

– **Trajetória e trajeto:** referem-se, respectivamente, ao percurso realizado pelo projétil de arma de fogo fora e dentro do corpo humano.

– **Iminente:** aquilo que está por acontecer.

– **Aborto:** produto do abortamento, o qual, por sua vez, é o ato de abortar. Assim, não se deve confundir aborto (feto morto) com a ação que causou sua morte ou inviabilidade para a vida extrauterina.

– **Debilidade:** perda de força, enfraquecimento.

– **Deformidade:** dano estético, alteração da conformação de uma parte do corpo humano.

– **Risco de vida:** melhor usarmos a expressão "risco de morte" ou "risco para a vida". Refere-se à situação em que a morte seja uma possibilidade.

– **Perigo de vida:** melhor usarmos a expressão "perigo de morte" ou "perigo para a vida". Refere-se à situação de morte iminente caso nenhuma atitude salvadora venha a ser empreendida.

Por certo, em próxima reedição, novos termos surgirão e merecerão espaço neste capítulo.

Capítulo 14

LAUDO DE EXAME CADAVÉRICO: UMA LEITURA ANALÍTICO-CRÍTICA

Este complemento à 2ª edição nasceu de uma análise didática de um Laudo de Exame Cadavérico, resultando numa 3ª edição mais completa que a anterior, revista, ampliada e atualizada. Desta forma, uma espécie de atividade teórico-prática tem por objetivo levar o leitor a um melhor raciocínio acerca de questões práticas envolvendo documentos médico-legais na esfera criminal.

De uma leitura atenta e minuciosa do laudo apresentado, tentou-se extrair o máximo de informações possíveis, sobretudo de forma crítica, buscando demonstrar suas falhas, seus acertos e, sempre que possível, corrigindo-lhe os vícios porventura existentes.

Toda a documentação avaliada é de conteúdo verídico e, por questões de ética e de sigilo, este autor optou por suprimir, pelo apagamento de informações, todos os dados que pudessem gerar a identificação das mesmas. Assim, nossas análises se basearão tão somente no conteúdo técnico destes documentos, sem a preocupação crítica com o local e a autoria de suas lavraturas.

Para nossas leituras e análises, nos valeremos de anotações a partir de legislações pertinentes com as suas devidas interpretações. Ao fim, anotaremos sugestões de obras literárias clássicas na área médico-legal e que nos serviram como base para o nosso aprendizado pericial. Assim, esperamos proporcionar aos profissionais que lidam nas áreas penais e criminais e que venham a manusear esta obra – sejam eles médicos-legistas, peritos criminais e/ou advogados, promotores, defensores públicos ou magistrados – subsídios relevantes e suficientes para uma melhor leitura e interpretação dos laudos com os quais venham a manter contato em seus cotidianos profissionais.

Além desta leitura de caráter mais producente e que possa redundar em julgamentos mais justos, tentaremos também demonstrar determinados aspectos relativos à quesitação, uma vez que a partir de respostas dela decorrentes clareiam-se pontos obscuros e dirimem-se dúvidas que, por algum motivo ainda não tenham sido esclarecidos. Não podemos nos esquecer de que, em geral, exceto os médicos-legistas, todos os demais profissionais relacionados a este processo de leitura e interpretação são hipossuficientes técnicos em relação à área da saúde. Tal não significa dizer que sejam incompetentes, mas apenas que não receberam formação específica na área em comento. Em contrapartida, podemos afirmar que os médicos sejam, salvo exceções, hipossuficientes técnicos na área jurídica.

Feitos tais esclarecimentos preliminares, partamos para nossas leituras e análises. Antes, porém, façamos a apresentação dos aspectos legais, bem como dos documentos a serem analisados nesta obra.

1. ASPECTOS LEGAIS

> **Artigo 158 CPP:** "Quando a **infração deixar vestígios** será **indispensável** o **exame de corpo de delito**, direto ou indireto, não podendo supri-lo **nem a confissão do acusado**" (grifos nossos).

Comecemos vendo que, em perícias criminais, havendo vestígios, nem a confissão do acusado supre a necessidade da realização pericial. Ou seja, nem mesmo um juiz poderia promover a suspensão da realização de um exame de corpo de delito, uma vez que os vestígios é que são capazes de promover a obtenção de provas materiais concretas acerca do fato em análise.

Lembremo-nos ainda de que vestígios não são provas do fato delituoso, mas tão somente indícios de provas. As ações periciais é que têm o poder de positivar ou de negativar como provas os vestígios que tenham sido encontrados. Porém, nem só a positivação tem valor jurídico, uma vez que a negativação de algum(ns) vestígio(s) pode, por exemplo, afastar uma autoria.

Também é preciso reconhecer que não devemos falar em "local de crime" quando um cadáver for encontrado, mesmo que existam sinais de violência. Como existem causas jurídicas diversas de morte violenta (acidentes, suicídio e homicídio), deveremos tratar este local como sendo, inicialmente, local de encontro de cadáver. A Justiça dirá se aquele foi o local de um crime ou não.

Os vestígios podem ser permanentes, quando duram no tempo ou, transeuntes (transitórios), quando são passageiros e desaparecem em breve tempo. Outro fato a ser apontado é o de que existem aqueles vestígios encontrados no local do fato investigado (local de crime, por exemplo), assim como aqueles que não se encontram no local, porém, ligados ao próprio fato. Como exemplo podemos citar uma faca encontrada em uma lixeira a alguns quarteirões do local onde foi utilizada para que com ela se esfaqueasse alguma vítima.

Quando o texto do artigo fala em exames de corpo de delito direto e indireto, que dizer, respectivamente, acerca daqueles realizados sobre os vestígios e os documentais derivados de vestígios não mais existentes ou não mais disponíveis.

> **Artigo 159 CPP:** "O **exame de corpo de delito e outras perícias** serão realizadas por **perito oficial**, portador de **diploma de curso superior**."
>
> § 1º Na **falta de perito oficial**, o exame será realizado por **duas (duas) pessoas idôneas**, portadoras de **diploma de curso superior preferencialmente na área específica**, dentre as que tiverem **habilitação técnica relacionada com a natureza do exame**" (grifos nossos).

Ao contrário do que acontecia até agosto de 2009, com a nova redação do artigo acima citado, agora só há a necessidade da ação de perito único, quando este for oficial. Fica mantida a necessidade da atuação de dois peritos quando estes forem *ad hoc* (nomeados). De todo jeito, em qualquer caso há a necessidade de que o ou os peritos sejam portadores de diploma de curso superior na área da saúde (específica) e com habilitação técnica relacionada com a natureza do exame.

Assim, é bastante provável que não se nomeiem profissionais não médicos para a realização de autópsias. Tal se fundamenta no fato de que tais exames são muito complexos e envolvem questões jurídicas muito graves para que se possa permitir a ação de pessoas sem conhecimentos médicos bastante aprofundados e, sobretudo com certo conhecimento também na área jurídica, como é o caso dos legistas.

Em um caso de lesão corporal de natureza leve ou mesmo grave, nada impede que algum profissional da Enfermagem, Biomedicina, Odontologia, Veterinária etc. possa realizar uma avaliação pericial. Mesmo assim, como diz o artigo supracitado, tais ações devem ser realizadas "preferencialmente" por profissionais específicos daquela área e, em termos de perícias médicas, os médicos são tais profissionais preparados para proceder aos exames pertinentes.

> **Artigo 159, CPP, § 2º** "Os **peritos não oficiais** prestarão o **compromisso de bem e fielmente desempenhar o encargo.**" (grifos nossos)

Isto equivale à chamada "investidura no cargo" e esta confere ao perito a necessária fé pública, a qual já é inerente ao cargo do perito oficial. Desta forma, todos os casos que aparecerem num determinado plantão de um IML serão analisados pelos peritos que lá estiverem em seus turnos de trabalho, uma vez que todos os médicos lá lotados possuem fé pública natural ao cargo que ocupam.

Exceções existem quando certos casos necessitam de avaliação especial. Exemplifiquemos: o caso envolve uma questão oftalmológica e o médico legista que deveria receber o caso não tem experiência nem condições técnicas para avaliá-lo. Assim, o diretor do IML pode designar outro legista do grupo (mesmo fora de seu turno) para a análise daquele caso em específico, caso exista entre eles um oftalmologista atuando como perito médico.

Caso seja necessária uma análise oftalmológica minuciosa e por parte de especialista e o IML não disponha de um profissional com esta formação, poderá até mesmo ser nomeado um profissional não pertencente ao quadro funcional do IML, sendo ele, portanto, um *ad hoc*. Este nomeado deverá se "investido no cargo" e assinará termo de compromisso se comprometendo a bem e fielmente desempenhar suas funções para o esclarecimento daquele caso específico.

Também poderá o local do fato não possuir IML e, assim, a autoridade competente à frente do caso terá a prerrogativa de nomear um perito para o caso, preferencialmente escolhido entre aqueles que forem médicos e com habilitação e preparo técnico na área do exame a ser realizado.

> **Artigo 159 CPP § 3º** "Serão **facultadas ao Ministério Público, ao assistente de acusação, ao ofendido, ao querelante e ao acusado** a **formulação de quesitos** e **indicação de assistente técnico**".

§ 4º "O **assistente técnico** atuará **a partir de sua admissão pelo juiz e após a conclusão dos exames e elaboração do laudo pelos peritos oficiais**, sendo as partes intimadas desta decisão." (grifos nossos).

Antes da reforma deste artigo não era possível a indicação de assistente técnico que pudesse orientar e auxiliar às partes na condução do caso, procedendo à leitura e interpretação dos laudos existentes nem dando a elas o adequado suporte em relação à formulação dos quesitos que fossem necessários para o esclarecimento de pontos obscuros.

Com esta nova redação isso se tornou possível e aquela citada hipossuficiência técnica fica, de certa forma, abrandada com a presença desta figura conselheira – o assistente técnico. O único problema é que tal profissional só poderá atuar numa fase em que o laudo oficial já foi preparado e que, por lógica, não mais deverá ocorrer sua participação efetiva nas análises do corpo de delito direto.

Em havendo necessidade de exumação, o que pode até mesmo ser orientada por este assistente técnico, ele poderá participar dos eventos que envolverão esta nova avaliação pericial, apenas se mantendo sob a coordenação do perito oficial e não podendo interferir nas análises do legista do caso, salvo se este julgar por bem permitir suas intervenções.

Artigo 159, CPP, § 5º "Durante o curso do processo judicial, é permitido às partes, quanto à perícia:

I – requerer a **oitiva dos peritos** para **esclarecerem a prova** ou para **responderem a quesitos**, desde que o mandado de intimação e os quesitos ou questões a serem esclarecidas sejam **encaminhados com antecedência mínima de 10 (dez) dias**, podendo apresentar as **respostas em laudo complementar**;

II – **indicar assistentes técnicos** que poderão **apresentar pareceres em prazo a ser fixado pelo juiz ou ser inquiridos em audiência"** (grifos nossos).

§ 6º "Havendo requerimento das partes, **o material probatório que serviu de base à perícia será disponibilizado no ambiente do órgão oficial**, que manterá sempre sua guarda, e **na presença de perito oficial, para exame pelos assistentes, salvo se for impossível a sua conservação"**.

§ 7º "Tratando-se de **perícia complexa** que abranja mais de uma área de conhecimento especializado, poder-se-á designar a

atuação de mais de um perito oficial, e a parte indicar mais de um assistente técnico" (grifos nossos).

As partes têm, portanto, ampla condição de atuação na defesa dos interesses em jogo na lide travada por elas. Isto confere a elas o direito à ampla defesa de suas linhas de atuação, permitindo-lhes o adequado e necessário esclarecimento dos fatos.

Nestes três parágrafos acima descritos temos uma evidente valorização da assistência técnica, sobretudo com a possibilidade de formular quesitação, apresentar parecer, analisar os elementos probatórios encontrados na perícia oficial, bem como atuar de forma inter, trans e multidisciplinar.

Não nos esqueçamos, porém, que para tudo isto existem prazos pre-determinados e que não podem ser, de forma alguma, negligenciados. Ainda mais, nem sempre os tais elementos probatórios serão possíveis de serem disponibilizados, como é o caso de cadáveres cujas partes moles (pele, tecido adiposo, músculos, vísceras etc.) já tenham sido consumidas pelo processo de putrefação.

> **Art. 160**: "Os peritos elaborarão o laudo pericial, onde **descreverão minuciosamente o que examinarem**, e **responderão aos quesitos formulados**".
>
> **Parágrafo único** "O laudo pericial será elaborado no **prazo máximo de 10 (dez) dias**, podendo este **prazo ser prorrogado, em casos excepcionais, a requerimento dos peritos**" (grifos nossos).

Compete aos peritos oficiais ou nomeados pelo juízo a elaboração dos laudos. Tão importante quanto este fato é a determinação de que os laudos resultantes sejam descritos **minuciosamente** e que tenham respondidos todos os quesitos. Também de igual importância que seja respeitado o prazo oficial ou o requerido pelo(s) perito(s).

Reforçaremos aqui a necessidade imposta de que as descrições sejam feitas de forma minuciosa. A descrição é a parte mais importante na elaboração de um laudo, pois é ali que se anotam todos os dados probatórios que conduzirão à discussão e conclusão. Também é com base nesta parte que se sustentarão as respostas aos quesitos.

A descrição de um laudo é o que se chama, em expressão latina, de *visum et repertum*, ou seja, o "visto e anotado". De acordo com o Código de Ética Médica (nova redação conforme Resolução CFM n. 1.931/2009) temos importantes informações acerca da elaboração por parte de profissionais médicos, a exemplo do que listamos a seguir:

> **Artigo 11:** "**Receitar, atestar ou emitir laudos de forma secreta ou ilegível**, sem a devida identificação de seu número de registro no Conselho Regional de Medicina da sua jurisdição, bem como **assinar em branco folhas de receituários, atestados, laudos ou quaisquer outros documentos médicos**".

> **Artigo 80:** "É vedado ao médico: expedir documento médico **sem ter praticado ato profissional** que o justifique, que seja **tendencioso** ou que **não corresponda à verdade**".

> **Artigo 92:** "**Assinar laudos periciais**, auditoriais ou de **verificação médico-legal** quando **não tenha realizado pessoalmente o exame**" (grifos nossos).

Fica, portanto, bem clara a necessidade de uma atuação personalíssima do perito do caso, não podendo ele permitir-se fazer anotações daquilo que não tenha realmente verificado e que possa colocar em situação de prejuízo os fatos resultantes da leitura de suas constatações, caso haja de sua parte a infração de qualquer destas determinações éticas e/ou daquelas vistas em artigos já expostos do Código de Processo Penal.

> **Artigo 162 CPP:** "A autópsia será feita pelo menos **6 (seis) horas depois do óbito, salvo se os peritos,** pela **evidência dos sinais de morte, julgarem que possa ser feita antes daquele prazo,** o que **declararão no auto**" (grifos nossos).

Aqui fica bem claro que existem regras para a devida anotação de fatos em um laudo pericial. Não basta verificar que a autópsia, por exemplo, possa ser feita a qualquer prazo. É preciso perceber que devem ser feitas anotações pertinentes aos motivos que levaram o perito a não seguir uma determinada imposição legal.

> **Artigo 165, CPP:** "Para **representar as lesões encontradas no cadáver**, os peritos, quando possível, juntarão ao laudo do exame **provas fotográficas, esquemas ou desenhos, devidamente rubricados**" (grifos nossos).

As lesões encontradas no cadáver devem, sempre que possível, juntar dados esquemáticos, fotográficos ou de desenhos devidamente identificados (rubricados). Tal medida tem por finalidade que não se percam dados relevantes e que, sabidamente, deverão desaparecer com o tempo. É o caso de lesões em partes moles e que até mesmo desaparecerão ou poderão ficar prejudicadas não só com a putrefação do cadáver como também pela própria manipulação da autópsia pelo perito.

Cremos, pois, que para nossa análise crítica dos documentos que iremos apresentar estes são os esclarecimentos legais necessários. Outros artigos de lei ou de documentos do Conselho Federal de Medicina (CFM), tais como Código de Ética Médica e Resoluções, porventura necessários para complementação de nossas análises, serão posteriormente juntados.

2. ACERCA DA ATUAÇÃO PERICIAL

Trataremos aqui apenas da atuação pericial médica e especificamente no foro penal. Respeitando-se os preceitos legais, no foro penal a perícia médica deve ser realizada apenas por médicos (ato médico) quando estes forem peritos oficiais. Caso sejam peritos médicos não oficiais serão denominados como peritos nomeados ou *ad hoc*. Tal expressão (*ad hoc*) quer dizer "para isto", ou seja, para aquele caso específico para o qual foi nomeado.

Requisitos para ser um legista (perito médico oficial):

- ser obrigatoriamente médico;

- ser aprovado em concurso oficial;

- passar por uma formação específica em academia (geralmente da Polícia Civil);

- ser lotado num IML, onde passará por um estágio probatório;

- enfim, ser efetivado no cargo.

Para o exercício pericial médico-legal a exigência de um título de especialidade em Medicina Legal ainda não existe em nosso país, embora já existam inúmeros especialistas na área. A realização de concursos que exijam provas e títulos neste sentido deverá ser uma conquista da classe e que em muito melhorará as ações periciais no Brasil, uma vez que importará na realização de cursos de pós-graduação na área pericial médica por parte daqueles que venham a se interessar pelo cargo oferecido pelos IML de nosso país.

A exigência de TAF (Teste de Aptidão Física) elimina candidatos de elevada competência, uma vez que muitos podem não dispor de físico e porte atléticos. É um contrassenso a nosso ver. Esta é uma luta a ser travada e que do nosso ponto de vista se configuraria também numa conquista de grande valor, até mesmo porque legistas não necessitam carregar grandes pesos nem sair por aí correndo atrás de pessoas as quais deverão ser submetidas a exames periciais. O correto seria um exame que atestasse suas condições física e mental, principalmente esta última.

Em outubro de 2010, houve a fusão entre a Associação Brasileira de Medicina Legal (ABML) e a Sociedade Brasileira de Perícias Médicas (SBPM). Com isso, surgiu a nova Associação Brasileira de Medicina Legal e Perícias Médicas (ABMLPM), tudo com o respaldo do Conselho Federal de Medicina (CFM). O próximo passo desta ação foi o reconhecimento de uma nova especialidade (Medicina Legal e Perícias Médicas), em lugar da especialidade anterior que era apenas de Medicina Legal.

O legista tem o *múnus publico* de auxiliar do juiz. Assim, é de se afirmar que os peritos não julgam, não condenam nem absolvem. Peritos se limitam ao ato de periciar e, com isso, municiar a Justiça com subsídios capazes de ajudar a Justiça na elucidação dos fatos delituosos.

Peritos devem estar atentos para as responsabilidades civil e penal a que estão sujeitos. O encargo de legista já lhe confere fé pública automática e inerente à função de servidor público que exerce. Peritos *ad hoc* necessitam de nomeação, bem como de assinarem termo de compromisso, dispondo-se a cumprirem bem e fielmente aos encargos a eles confiados.

Os peritos *ad hoc* não deverão atuar obrigatoriamente apenas onde não existam os IML e seus legistas. Desde que necessários, mesmo em localidade com IML e peritos médicos oficiais, os *ad hoc* poderão atuar, desde que nomeados pela autoridade competente à frente do caso. Na falta de médicos na localidade, qualquer profissional com curso superior na área da saúde poderá ser nomeado, bastando que tenha conhecimento na área a ser pericialmente explorada. Assim, um veterinário poderá ser nomeado para proceder a um exame de lesão corporal.

Tanto em relação aos oficiais quanto aos *ad hoc*, não devemos nos esquecer que podem existir **impedimentos legais** para suas atuações:

- parentesco;

- ter sido médico assistente do municiando;

- vínculos de amizade ou inimizade, etc.

MEDICINA LEGAL
LEONARDO MENDES CARDOSO

Caso não haja impedimentos legais ou escusa atendível, a aceitação do encargo é obrigatória.

Antes da mudança do art. 159, CPP, havia a possibilidade de haver laudos contraditórios quando realizados por peritos oficiais. Com a exigência da atuação de perito único, tal possibilidade fica afastada. Porém, o mesmo artigo fala da necessidade da realização pericial por dois *ad hoc* em determinadas situações, podendo haver aí a figura dos laudos contraditórios.

Neste caso, **o juiz não deverá ficar adstrito aos laudos** e a ele caberá decidir em relação ao caso. Assim, caso haja a contradição entre os peritos nomeados, cada um deverá lavrar e assinar seu laudo em separado. Caso os achados sejam consensuais, eles deverão lavrar e assinar laudo único.

Cabe ao juiz do caso, na eventualidade de laudos contraditórios:

- aceitar um deles – o que implica em recusar o outro no todo;

- aceitar parte de cada um deles – o que implica em compor uma espécie de "colcha de retalhos pericial";

- recusar ambos – o que implica em julgar somente com base nos outros dados disponíveis;

- nomear um parecerista para opinar acerca de qual dos laudos encontra-se correto, ou mesmo;

- nomear um terceiro perito – o que implica em realizar uma nova perícia.

O Direito Penal brasileiro se baseia nos princípios do Direito Romano, o qual prevê o julgamento sob o ponto de vista da persuasão racional, a qual, neste sentido, deve ser entendida como o direito ao livre convencimento, desde que embasado na lógica e na razão.

3. RELATÓRIOS MÉDICO-LEGAIS

"Relatório médico-legal é a narração escrita e minuciosa de todas as operações de uma perícia médica determinada por uma autoridade policial ou judiciária a um ou mais profissionais anteriormente nomeados e comprometidos na forma da lei." (Flamínio Fávero)

Os relatórios médico-legais são, portanto, documentos médico-legais que colocam a arte e a ciência médica a serviço da Justiça. Quando ditado pelo perito ao escrivão durante o ato pericial denomina-se **auto pericial** e quando redigido pelo próprio perito logo que sejam findadas as suas ações periciais, a cada caso, denomina-se **laudo pericial**. Em termos de conteúdo legal, no entanto, os autos não são diferentes dos laudos.

Os laudos, porém, são os mais realizados, até mesmo porque dão ao legista menos trabalho, uma vez que ao ditar para alguém necessitará, obrigatoriamente, de fazer uma revisão completa do material produzido antes de imprimi-lo e assiná-lo. Portanto, vejamos como se compõe um laudo e isto nos dará uma ideia genérica de todos os laudos.

Lembremo-nos, antes de tudo, de que existem diversos tipos de laudos, conforme o que se deseja desvendar:

- laudo de exame cadavérico;
- laudo de lesões corporais;
- laudo de constatação de embriaguez; etc.

Cada um desses terá sua própria peculiaridade e, o mais importante, seus próprios quesitos, os quais são obviamente pertinentes a cada caso em pauta.

Quanto aos laudos ainda utilizados para perícias em casos de "crimes contra a liberdade e a dignidade sexual", com a alteração dos arts. 213 e 214, CP, necessitamos da confecção de novos modelos de laudo que possam contemplar a nova redação do Arts. 213, CP, resultante da fusão daqueles dois anteriormente citados.

Vale lembrar que a figura do Atentado Violento ao Pudor não deixou de existir, mas foi apenas absorvida na nova redação pelo crime de Estupro.

Os laudos, de maneira geral, são compostos das seguintes partes:

- preâmbulo;
- quesitos;
- histórico;
- descrição;
- discussão;
- conclusão;
- respostas aos quesitos.

Passemos a analisar a estrutura de cada uma destas partes em específico.

Preâmbulo

É o cabeçalho, a introdução do documento. Trata-se da parte em que se colocam todos os dados identificadores do processo e suas personagens envolvidas. Nele, devem constar os seguintes dados:

- local de realização da perícia;
- natureza do exame;
- autoridade solicitante;
- perito(s) que realiza(m) o ato pericial;
- examinando;
- data e hora do exame.

Quesitos

São todas as perguntas relevantes de acordo com o caso. No foro penal, que é o nosso foco de interesse, os quesitos são preestabelecidos de forma oficial. Relevante dizer que é, para os operadores do Direito, uma das mais importantes tarefas: a de saber quesitar. É por meio de uma boa leitura analítico-crítica que deverão ser extraídos os quesitos capazes de permitir a criação de uma correta linha de raciocínio.

Assim teremos, por exemplo, nos casos de exame cadavérico, os seguintes quesitos oficiais:

1 – houve morte?

2 – qual a causa da morte?

3 – que instrumento ou meio provocou a morte?

4 – houve emprego de fogo, veneno, explosivo, tortura ou outro meio insidioso ou cruel?

Histórico

Configura-se como a narração dos fatos por parte da pessoa a ser periciada. Deve ser o mais completo possível, porém, em caso de cadáveres ou de incapazes (alienados mentais, menores, cegos-surdos-mudos etc.) será obviamente incompleto ou, em geral, bastante prejudicado. Especialmente nos casos de doentes mentais e retardados mentais ou com desenvolvimento mental incompleto deve-se ter bastante cuidado, uma vez que nem sempre conseguem relatar a verdade.

No caso de cadáveres, geralmente deverá conter dados transcritos a partir da guia que acompanha o corpo. Em caso de autópsia, os dados da guia que acompanha o cadáver devem ser apenas transcritos, mas nunca endossados.

O perito não deve influenciar o municiando quando de seu relato dos fatos, mas não se deve deixar impressionar pelos relatos. Ideal é que se anotem apenas os dados relevantes e pertinentes, desprezando-se impressões pessoais do relatante.

Os relatos devem ser o mais possivelmente fiéis. Aqui o perito deverá se valer das expressões utilizadas pelo(a) próprio(a) municiando(a), não as "traduzindo" nem substituindo por termos técnicos ou equivalentes.

Desde já o perito deve estar atento a relatos que indiquem a possibilidade de crimes de tortura e simulações ou dissimulações. Novamente, frisamos, nunca deverá o perito esquecer-se da possibilidade de estar diante de um crime de tortura.

Descrição

Aqui fica configurado o *visum et repertum* (visto e anotado). É a parte mais importante do relatório, enquanto num parecer tal seja representada pela discussão. Lembrar-se, também, que jamais poderá ser refeita com a mesma riqueza de detalhes como na primeira vez.

Para atender às necessidades legais, lembrar-se sempre de que as anotações devem ser o mais minuciosas quanto possível. Assim, devem ser ricas em detalhes, porém, de forma objetiva.

Na descrição dos achados ao exame físico pericial não cabe ao perito diagnosticar nada, mas também não deve ele deixar de anotar em detalhes os achados positivos e/ou negativos. Portanto, em casos específicos, a exemplo de lesão perfurocontusa transfixante de tórax, torna-se insuficiente apenas o relato de "orifício de entrada em parte anterior do tórax" e "orifício de saída em região dorsal". Importante que se descrevam todas as alterações em cada um destes orifícios, bem como no trajeto do projétil (projetil) de arma de fogo (PAF).

A título de enriquecer nosso vocabulário pericial:

- **trajetória** é o caminho percorrido pelo PAF desde o cano da arma que o disparou até que atinja o seu alvo;

MEDICINA LEGAL
LEONARDO MENDES CARDOSO

- trajeto é o caminho percorrido pelo PAF no interior do corpo humano atingido.

Ainda mais, certas palavras na língua portuguesa admitem dupla pronúncia, mediante dupla possibilidade de acentuação. É o que vemos acontecer com projétil e projetil, autópsia e autopsia, necrópsia e necropsia... Quando estas palavras admitem dupla possibilidade de acentuação, dizemos que são palavras de dupla prosódia. Quanto à pronúncia, a ortoépia permite que sejam proferidas de formas duplamente variadas.

Voltando ao nosso tema de estudo, contrariamente aos relatos feitos no histórico (termos utilizados pelo declarante), na descrição os termos devem ser técnicos. Isso não equivale a um rebuscamento ininteligível por parte do perito. Lembrar-se de que quem deverá ler, interpretar e bem compreender o relatório são, em geral, pessoas hipossuficientes técnicos na área biológica/médica.

Discussão

Aqui, deverá o perito tentar demonstrar a congruência entre os dados colhidos no histórico e aqueles obtidos pelo exame físico e relatados na descrição. Todas as divergências deverão ser apontadas e, se possível, esclarecidas

O uso de dados subsidiários (fotos, imagens diversas, esquemas, artigos científicos etc.) é importante nesta fase, valorizando as impressões alcançadas pelo raciocínio pericial e, fazendo-se cumprir os ditames legais acerca da redação deste tipo de documento em comento.

Conclusão

É a parte em que o perito assume uma posição perante os achados feitos durante suas atividades periciais, validando-as e/ou até mesmo descartando-as, conforme cada caso. A exposição feita nesta parte deverá ser concisa, resumida, sem rodeios. Tal exposição deverá também ser esclarecedora e objetiva, o que não impede que seja feita de forma positiva e/ou negativa.

Nos casos em que for impossível concluir algo, tal deverá ser anotado e, por si só isto já configura uma conclusão. A anotação adequada para tal seria algo do tipo: "Sem elementos para afirmar ou negar o fato".

Respostas aos quesitos

Tais respostas devem ser, na medida do possível, o mais claras, objetivas e sem rodeios. Aqui, não se deve deixar transparecer incertezas, contrariamente ao visto na parte da discussão e até na conclusão. Em caso de dúvida: "Sem dados para esclarecer tal fato".

O 4º quesito de um laudo de exame cadavérico tenta demonstrar a presença de uma ou mais qualificadoras. Portanto, assim deverá ser anotado:

4º Houve emprego de fogo, veneno, explosivo, tortura ou outro meio insidioso e cruel? Resposta: "Prejudicado" (Em caso de impossibilidade de resposta concreta)

Se preciso e recomendável for, neste caso específico o perito deverá aguardar uma consulta posterior.

4. EXPOSIÇÃO DOCUMENTAL PARA ANÁLISE

Os documentos apresentados na sequência dizem respeito a um caso verídico de morte por esfaqueamento. Como já deixamos claro ao início desta obra, todos os dados de identificação foram por nós suprimidos para que se evitem conflitos éticos e legais.

SCL - Sistema de Controle de Laudos da Polícia Técnico-Científica   Página 1 de 1

| POLÍCIA TÉCNICO-CIENTÍFICA DO ESTADO DE |

ESTADO DE
SECRETARIA DE SEGURANÇA PÚBLICA E JUSTIÇA
SUPERINTENDÊNCIA DE POLÍCIA TÉCNICO-CIENTÍFICA
INSTITUTO MÉDICO LEGAL

LAUDO DE EXAME CADAVÉRICO

Número do Laudo (RG):   3   /200

Requisitante: DRH - DELEGACIA ESTADUAL DE REPRESSÃO À HOMICÍDIOS -

Destinatário: DEH - DELEGACIA ESTADUAL DE REPRESSÃO À HOMICÍDIOS -

Vítima:

Perito Relator: W   - CRM   2
Segundo Perito: W   - CRM

LAUDO DE EXAME MÉDICO

AUTUAÇÃO

Aos   dias do mês de   do ano de dois mil e   , no Cartório do
INSTITUTO MÉDICO LEGAL   , autuo o
presente laudo.

☐ Digitado   Em: /   /20   Assinatura:

☐ Ag. Ex. Complementar Em: /   /20   Assinatura:

☐ Visto Médico   Em: /   /20   Assinatura:

☐ Revisado   Em: /   /20   Assinatura:

CAPÍTULO 14
LAUDO DE EXAME CADAVÉRICO: UMA LEITURA ANALÍTICO-CRÍTICA

**ESTADO DE
GERAL DA F   CIVIL
SUPERINTENDÊNCIA DE POLÍCIA**

REQUISIÇÃO DE EXAME

Delegacia Estadual de Homicídios

Ao Sr. Chefe da Divisão de Medicina Legal, faço apresentar o Indivíduo abaixo qualificado para ser submetido a exame de corpo de delito.

Nome: MARCOS

Idade: 05-0 -19

Estado Civil: Amasiado

Cor: branca

Profissão: Ignorada

Nacionalidade: bras

Naturalidade: B

Filiação: J   A   T   e S   d   D

Residência: Rua   , Qd. .Lt. . E
                                                   Nesta.

Natureza do Exame: Cadavérico

Flagrante ou não? não

Quantos exames do mesmo assunto? o necessário

Remeter para: Delegacia Estadual de Homicídios

Deve ser enviada cópia do exame: sim

Cartório de plantão? sim

OBSERVAÇÕES:
Oc. nº 3 /C . Homicídio por
arma branca.

Goiânia,   de   de 20

Bel. (a)   G   da S
                  Delegado(a) de Polícia

POLÍCIA TÉCNICO-CIENTÍFICA DO ESTADO DE

ESTADO DE
SECRETARIA DE SEGURANÇA PÚBLICA E JUSTIÇA
SUPERINTENDÊNCIA DE POLÍCIA TÉCNICO-CIENTÍFICA
INSTITUTO MÉDICO LEGAL

LAUDO DE EXAME CADAVÉRICO

Número do Laudo (RG): 3 /200

Destinatário: DEH - DELEGACIA ESTADUAL DE REPRESSÃO A HOMICIDIOS -

Aos   dias do mês de   do ano de dois mil e   , na Cidade de G   -   , a fim de atender a requisição da Deh - Delegacia Estadual De Repressão À Homicidios -   os infra-assinados, Doutores   A   T   R   , CRM/CRO   e   I   L.   DA   , CRM/CRO   designados pelo Doutor   Diretor do Instituto MÉdico Legal   da cidade de   , para proceder EXAME CADAVÉRICO em:

Descrevendo com verdade e com todas as circunstâncias o que encontrarem, descobrirem e observarem e, bem assim, para responderem os seguintes quesitos:

PRIMEIRO   Se houve morte?
SEGUNDO   Qual a causa da morte?
TERCEIRO   Qual o instrumento ou meio que produziu a morte?
QUARTO   Se foi produzida com o emprego de veneno, fogo, explosivo, asfixia, tortura ou outro meio insidioso ou cruel?

IDENTIFICAÇÃO DO LAUDO Nº 3888/2005

Nome:
Nascimento: 0 /0 /19   Idade: 25 anos   Sexo: MASCULINO
Nacionalidade: BRASILEIRA   Naturalidade: E
Estado Civil: SOLTEIRO(A)   Cor/Raça: PARDA
Nome do Pai: J   A   T
Nome da Mãe: S   DAS D   I
Rg: 4 4
Profissao: IG
Endereço Residencial: RUA R   M   G   QD, 0 LT 5, ,
Telefone Residencial: 1   Telefone Comercial: 1   Celular: 1

HISTÓRICO DO LAUDO Nº 3 /200

http://sisp2   net/sistemas/ l/   astro/la o/documento_   .php

SCL - Sistema de Controle de Laudos da Policia Tecnico-Cientifica   Pagina 2 de 3

A morte ocorreu às 1:00 horas, do dia 17/08/2005, em consequência de HOMICIDIO.
O corpo deu entrada neste Instituto às 23:00 horas, do dia 1 /0 /200 , acompanhado da Guia Nº da
DEH - DELEGACIA ESTADUAL DE REPRESSÃO À HOMICIDIOS -   . A necropsia foi iniciada
às 23:50 horas, do dia 1 /0 /200 . Declaração de obito Nº   7110 /200 , cadaver Nº /.

EXAME EXTERNO DO LAUDO Nº 3   /200

Cadaver do Sexo MASCULINO aparentando ter a idade de 25 anos, e estar em BOM estado
nutricional. Trajando BERMUDA JEANS.
Junto ao corpo foram encontrados os seguintes materiais: NENHUM MATERIAL.
Sinais particulares e outros sinais externos: AUSENTES; Fenômenos cadavéricos:
Midríase PRESENTE; Córneas CRISTALINAS; Rigor mortis EM EVOLUçãO; Hipóstases EM
EVOLUçãO; Outros fenômenos cadavéricos ALGIDEZ CADAVéRICA; Cabeça SEM DEFORMAçãO
deformação; Cabelos PRETOS E CRESPOS; Barba AUSENTE; Bigode AUSENTE; Cavanhaque
AUSENTE; Olhos NADA DIGNO DE NOTA; Íris CASTANHO CLARA; Ouvidos NORMAL; Boca
NORMAL; Dentes NATURAIS; Pescoço VIDE DESCRIçãO; Tórax SEM PARTICULARIDADES;
Mamas SEM PARTICULARIDADES; Abdome SEM PARTICULARIDADES; Ânus SEM
PARTICULARIDADES; Membros SEM PARTICULARIDADES; Órgãos genitais Externos SEM
PARTICULARIDADES.
Lesões Externas: 1- FERIDA PéRFURO-CORTANTE DE MAIS OU MENOS 6 (SEIS)
CENTíMETROS EM REGIãO SUPRACLAVICULAR ESQUERDA, PENETRANTE,
ATINGINDO O TRONCO PULMONAR E OCASIONANDO GRANDE HEMORRAGIA
CAVITáRIA.

EXAME INTERNO DO LAUDO Nº 3   /200

Cabeça - procedida a incisão bimastóidea, rebatido o escalpo, foi constatado couro cabeludo :
NORMALIDADE; Abóbada Craniana NORMAL, SEM FRATURAS; Serrada a calota e aberta a
cavidade craniana, os peritos observaram: ENCéFALO NORMAL; Retirado o encéfalo, procedida a sua
secção, os peritos constataram: AUSèNCIA DE TRAUMAS E HEMORRAGIAS; Removida a dura-
máter residual, a base do crânio apresentava-se NORMALIDADE; Face NORMAL; Feita a incisão,
BIACRômIO-MENTO-PUBIANA dissecada a musculatura peitoral anterior, aberta a cavidade
abdominal pela linha Alva, seccionadas as cartilagens costais e retirado o plastrão condroesternal, os
peritos observaram: posição anatômica HABITUAL DOS óRGãOS dos órgãos; dissecados os
músculos infra e supra-hiódes, constatou-se: NORMALIDADE; Clavículas NORMAIS; Esterno
NORMAL; Omoplatas NORMAIS; Costelas e espaços intercostais NORMAIS; Hemotórax
VOLUMOSO com - mililitros -; Esôfago NORMAL; Traquéia e Brônquios NORMAIS; Pleuras e
cavidades pleurais NORMAIS; Pulmões TRASFIXAçãO DE áPICE PULMONAR ESQUERDO; Saco
pericárdico HEMOPERICáRDIO MODERADO; Coração NORMAL; Grandes vasos ROTURA DE
TRONCO PULMONAR; Diafragma separando as duas cavidades NORMAL; Cavidade abdominal
óRGãOS DISPOSTOS COMO HABITUAL; Hemoperitôneo de AUSENTE mililitros; Estômago
NORMAL; Pâncreas NORMAL; Intestinos NORMAL; Fígado NORMAL; Baço NORMAL; Supra
renais e rins NORMAIS; Bexiga NORMAL; Grossos vasos NORMAIS; Ossos pélvicos NORMAIS;
Membros NORMAIS; Coluna vertebral NORMAL.
Trajeto NORMAL.
Exames complementares: (transcrever) SANGUE (DOSAGEM ALCOóLICA E
TOXICOLóGICO);

DISCUSSÃO DO LAUDO Nº 3   /200

VíTIMA DE FERIMENTO TORáCICO PRODUZIDO POR INSTRUMENTO DE AçãO
PéRFURO-CORTANTE QUE RESULTOU EM CHOQUE HEMORRáGICO E óBITO.

CONCLUSÃO DO LAUDO Nº 3   /200

http://sisp   .net/sistemas/ l/ca   tro/l   o/documento_   .php?

ÓBITO EM 17/08/05 POR ANEMIA AGUDA.

RESPOSTAS AOS QUESITOS DO LAUDO Nº 3   /200

PRIMEIRO   SIM
SEGUNDO   ANEMIA AGUDA
TERCEIRO   PéRFURO-CORTANTE
QUARTO   NãO

, 1 de   de 200 , às 00: 30 horas .

Dr. A   , CRM/CRO 7   - Perito relator

Dr. I   , CRM/CRO 3   - Segundo perito

Registrado Por: E   A   DOS   Data: 1 /0 /0
                       S

Digitado Por: J   F   S   Data: 1 /0 /0
                       F

Revisado Por: F   A   Data: 2 /0 /0
                       F   M

Fim do Laudo Nº 3   /200

Av.	, Nº ,	- CEP:

http://sisp   net/sistemas/ l/ca   ro/l   o/documento_   .php

CAPÍTULO 14
LAUDO DE EXAME CADAVÉRICO: UMA LEITURA ANALÍTICO-CRÍTICA | 163

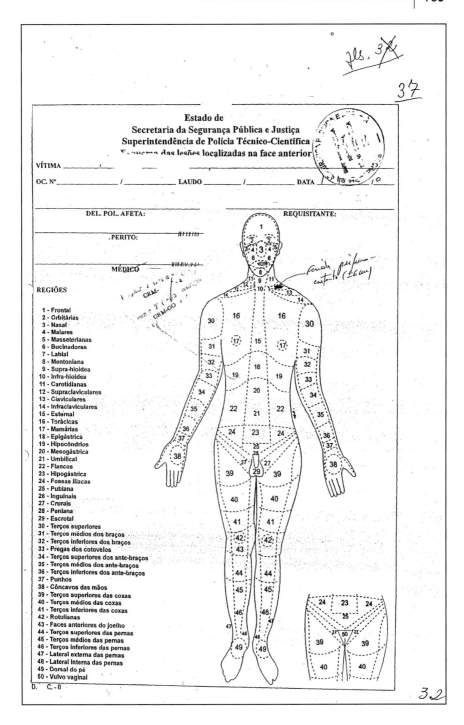

5. DA ANÁLISE DOCUMENTAL

Passemos, pois, às análises que julgamos serem pertinentes.

1 – No primeiro dos documentos anexados (página de número 27 no rodapé do mesmo), temos a falta da anotação do nome da vítima, bem como faltam os dados de identificação e de datação quanto aos profissionais que procederam à digitação, exames e revisão;

2 – Na página 28 (rodapé) correspondente ao segundo dos documentos apresentados, nada se notou de errado em seu preenchimento;

3 – No terceiro documento (rodapé como sendo o de número 29) podemos observar também a ausência de anotação do nome da vítima, embora os nomes dos pais da mesma se encontrem completamente anotados;

4 – Na página correspondente ao documento de rodapé número 30 temos na parte referente ao histórico do laudo que:

a) anota-se que a morte ocorreu às 21:00 horas;

b) tal anotação nos leva a crer que alguém tenha presenciado o óbito para que pudesse afirmar com tanta exatidão o horário da ocorrência desta morte;

c) e, em assim sendo, foi feita tal observação com base em quê? Há algum boletim médico-hospitalar que não foi citado nas partes preambulares do laudo? Foi feita com base em alguma ficha que acompanhava o cadáver? Por quem tal ficha foi preenchida?

d) neste caso, o perito está de antemão validando alguma informação que não nos foi dada a conhecer?

e) seja como for, tal conduta é equivocada, uma vez que supõe uma verdade para a qual ainda não se tem confirmação;

f) ainda mais, anota-se que a tal morte foi em consequência de homicídio;

g) esta afirmação é ainda mais grave que a primeira, indicando o legista que ele já sabe, sem qualquer análise preliminar, que a causa jurídica deste óbito foi exatamente por homicídio;

h) não compete tal tipo de julgamento aos legistas, pois este é um papel dos julgadores;

i) outra informação é a de que o corpo tenha dado entrada naquele IML às 23:00 horas do mesmo dia de seu óbito;

CAPÍTULO 14
LAUDO DE EXAME CADAVÉRICO: UMA LEITURA ANALÍTICO-CRÍTICA | 165

j) o cadáver fazia-se acompanhar por uma guia de número não citado;

k) tal número de identificação não existia ou foi negligenciado pelo legista;

l) como saber a procedência e a identificação deste corpo se o número de sua guia não consta do laudo?

m) a necrópsia foi iniciada às 23:50 horas, ou seja, exatamente e apenas 02:50 horas após o óbito;

n) lembremo-nos de que o art. 162 do CPP deixa claro que a necrópsia deverá ser feita pelo menos 06 horas após o óbito e que, caso os peritos julgarem que pela evidência dos sinais de certeza do óbito possam realizá-la antes deste prazo, deverão declarar os motivos de forma escrita nos autos;

o) onde se encontra tal declaração que justifique terem aberto o corpo antes do prazo previsto?

p) consta também a existência de uma Declaração de Óbito acompanhando o cadáver, inclusive com anotação de seu número;

q) o que diz tal declaração?

r) quem a emitiu?

s) os legistas solicitaram para análise os documentos referentes a este possível atendimento médico prévio?

t) sendo uma morte por causa violenta, não poderia ninguém, senão um legista, atestar tal óbito;

u) isto implica em dizer que antes de morrer a vítima tenha sido atendida em algum hospital?

v) onde estão os relatos destas possíveis informações que deveriam constar do histórico?

w) o médico que prestou o atendimento foi quem fez a lavratura da Declaração de Óbito?

x) se o fez, o fez de forma ilegal, uma vez que existem normas específicas a regerem a responsabilidade acerca de tal preenchimento;

y) imaginemos que a família, pressionada por quem cometeu o homicídio, resolvesse, de posse da Declaração de Óbito erroneamente preenchida, sepultar seu ente querido. Quem impediria tal ação?

z) este passaria a ser um caso que não viria ao conhecimento das autoridades policiais?;

MEDICINA LEGAL
LEONARDO MENDES CARDOSO

aa) esta Declaração de Óbito deverá, ou pelo menos deveria, ser anulada;

bb) tendo sido a morte provocada por um ato de violência, cuja causa jurídica mais provável neste caso em pauta é a de homicídio, somente o legista teria tal responsabilidade;

5 – Ainda referente à página correspondente ao documento de rodapé número 30 temos na parte referente à descrição do laudo – Exame externo – que:

a) como fenômeno cadavérico anota-se a presença de midríase;

b) midríase é a dilatação da pupila quando exposta à luz, a uma medicação (colírios dilatadores, ditos cicloplégicos, ou outras drogas até mesmo administradas por outras vias), ou como fenômeno resultante da morte (encefálica ou óbito);

c) portanto, nem só o óbito é capaz de gerar uma midríase;

d) para que seja resultante do óbito, a midríase tem que ser irreversível (paralítica), bilateral e acompanhada por parada cardiorrespiratória irreversível;

e) ou seja, ao informar apenas a presença de midríase não fica claro para o leitor se tal condição era correspondente a uma midríase paralítica bilateral em presença de parada cardiorrespiratória irreversível;

f) poderia, pois e apenas com base nesta informação, não ter ainda ocorrido o óbito daquela vítima;

g) anota-se também a presença de córneas cristalinas, e isso nos leva a pensar que a vítima estivesse ainda viva ou, caso realmente morta, com falecimento bem recente;

h) aquela informação inicial de que a morte tenha ocorrido às 21:00 horas é condizente com esta possibilidade de óbito recente;

i) quanto ao *rigor mortis* anotado como "em evolução", por ser uma informação incompleta, fará falta para uma interpretação aprimorada quanto à datação estimada do óbito;

j) ideal seria que tivesse sido quantificada;

k) existe em Medicina legal, e mais especificamente em Cronotanatognose (ciência que busca evidenciar a data estimada do óbito), um

CAPÍTULO 14
LAUDO DE EXAME CADAVÉRICO: UMA LEITURA ANALÍTICO-CRÍTICA | 167

princípio denominado de Lei de Nysten, o qual informa que a rigidez (endurecimento) do cadáver ocorre no sentido craniocaudal (descendente, portanto) e que tem uma evolução temporal em proporções geralmente conhecidas;

l) assim, se fosse descrita tal rigidez de acordo com o segmento corporal afetado, mais fácil seria para que estimássemos, com outros dados, o espaço decorrido entre o óbito e a análise pericial;

m) com isso poderíamos ter uma datação muito mais aproximada da realidade;

n) a mesma falha ocorre em relação à anotação de hipóstases "em evolução";

o) também esse fenômeno tem evolução temporal relativamente bem conhecida;

p) a hipóstase é a mancha que se forma nas partes mais baixas do cadáver por ação da gravidade, fazendo com que o sangue escorra para as partes de maior aclive e lhes confira uma coloração geralmente violácea;

q) tal mancha se fixa, em geral, por volta de oito horas após o óbito e, com isso permitirá que se tenham informações acerca do tempo de óbito, bem como sobre se o cadáver foi ou não mudado de posição durante este processo de formação da mancha;

r) informando sobre outros fenômenos cadavéricos, os legistas apontam a algidez cadavérica (esfriamento do corpo) como sendo existente, mas também sem quantificá-la;

s) sabemos, por meio da Tanatologia (estudo da morte e de seus eventos), que em geral a taxa de esfriamento é de aproximadamente $0,6^o$ C a $1,0^o$ C em condições normais;

t) também sabemos que tal taxa varia de acordo com determinadas variáveis: tipo de vestes, exposição ao calor, exposição a locais refrigerados, febre ou exercícios extenuantes imediatamente antes do óbito, estado de hidratação, temperatura ambiente etc.;

u) qual era, no caso em pauta, a temperatura ambiente?

v) e a temperatura do cadáver?

w) que tipo de roupas trajava? Somente uma bermuda como relatado? Então, qual era a estimativa de perda de temperatura neste caso?

x) como determinar a estimativa de perda se não dispomos dos dados acerca das temperaturas ambiente e corporal?

y) em relação ao pescoço está anotado: "vide descrição";

z) por que tal anotação foi feita se logo adiante veremos que a lesão sofrida não foi no pescoço, mas sim no tórax?

aa) o tórax aparece como estando "sem particularidades";

bb) como assim, sem particularidades, se a lesão sofrida foi justamente neste segmento corporal?

cc) os demais dados surgem como "sem particularidades", porém, como confiar nestas informações se os dados anteriores se encontram tão negligenciados e anotados de forma tão incompleta?;

dd) como lesões externas, e ainda nesta parte de nossa análise, descreve-se "ferida pérfuro-cortante de mais ou menos 6 (seis) centímetros em região supraclavicular esquerda, penetrante, atingindo o tronco pulmonar e ocasionando grande hemorragia cavitária";

ee) a situação agrava-se ainda mais neste momento, uma vez que logo acima temos que o tórax se encontra "sem particularidades" e esta lesão é exatamente torácica;

ff) será que os peritos legistas do caso desconhecem grosseiramente a anatomia corporal?

gg) não existem lesões perfurocortantes, uma vez que as terminações "ente" e "ante" (perfurante, contundente, cortante, perfurocortante etc.) dizem respeito à ação dos objetos que provocam as lesões e não aos tipos de lesões;

hh) assim, é certo dizer que um objeto cortante era uma lesão incisa ou mesmo uma incisão;

ii) ou que um objeto contundente gera uma lesão contusa e outro perfurocortante gera uma lesão perfuroincisa, como é caso do qual tratamos nesta obra;

jj) avançando em nossas análises, se a lesão era do tipo penetração (penetrante foi o objeto vulnerante ou lesivo) e o exame descrito era o externo, como os legistas sabiam que havia sido afetado o tronco da artéria pulmonar, o qual se encontra bastante profundo e próximo à base do coração?

CAPÍTULO 14
LAUDO DE EXAME CADAVÉRICO: UMA LEITURA ANALÍTICO-CRÍTICA 169

kk) como sabiam também o volume da hemorragia cavitária que havia sido formada?

ll) tais dados foram descritos por mera suposição?

mm) E, acerca da própria lesão perfuroincisa, nenhuma característica da mesma nos foi dada por conhecer, exceto que media cerca de seis centímetros;

nn) e quanto ao sangramento externo?

oo) e quanto às características de vitalidade do tecido lesado? Havia sinais de reação inflamatória que indicasse uma sobrevida em tempo considerável após ter sido realizada tal lesão?

6 – Referente à mesma página do documento de rodapé número 30 temos na parte relativa à descrição do laudo – Exame interno – que:

a) dedicou-se bastante atenção à cavidade craniana, apesar de parecer já bem evidente que a morte estava relacionada com uma lesão torácica que "afetou o tronco da artéria pulmonar promovendo uma intensa hemorragia cavitária";

b) realmente o pescoço, ao contrário do anteriormente apontado no exame externo, nada tinha de anormal;

c) que havia volumoso hemotórax (sangue na cavidade torácica), mas sem quantificar tal volume;

d) tal quantificação teria como finalidade informar-nos acerca do tempo em que a vítima permaneceu ainda viva, apesar da lesão sofrida;

e) a traqueia e os brônquios são descritos como normais, porém constataremos logo adiante que há relato de que o pulmão esquerdo tenha sido afetado pelo objeto vulnerante e que inexiste, inclusive, um derrame pleural apesar desta lesão sofrida;

f) seria de se esperar que, em tendo continuado vivo por alguns instantes, fosse encontrado sangue sendo expelido pelas vias aéreas, ao menos inferiores;

g) seria de se esperar que, em tendo havido lesão de parênquima (tecido visceral) pulmonar, houvesse derrame pleural;

h) o hemotórax descrito anteriormente fala contra esta anotação de que as cavidades pleurais estivessem normais;

i) há o claro relato de que houve "trasfixação" (o correto seria transfixação ou transfixão) de ápice pulmonar esquerdo, e assim, não se justifica a ausência de derrame sanguíneo em cavidades pleurais ou, caso a anotação de hemotórax seja referente a este derrame, acaba-se criando uma contradição inquestionável que só agrava a inadequação deste laudo;

j) há, pior ainda, relato de derrame em saco pericárdico (saco membranoso que envolve o coração), anotado como "hemopericárdio moderado";

k) de onde viria esse sangue se o coração é em seguida descrito como normal?

l) há, sim, o relato de rotura de um dos grandes vasos da base do coração: o tronco da artéria pulmonar;

m) mas, em que altura anatômica de seu trajeto?

n) teria sido feita tal lesão de forma a abrir o pericárdio em algum ponto?

o) por que tal abertura não foi descrita?

p) esse volume de hemopericárdio teria sido suficiente para provocar uma morte por tamponamento cardíaco (falta de espaço para o coração continuar batendo por causa do volume sanguíneo derramado)?

q) os demais aspectos se encontram demonstrando normalidade e, a título de realização de exames complementares, indica-se que foi colhido sangue para dosagem alcoólica e para toxicologia;

7 – Na parte referente à discussão, ainda na página de número 30 em seu rodapé, temos que:

a) anota-se apenas que o periciando foi de "vítima de ferimento torácico produzido por instrumento de ação perfurocortante que resultou em choque hemorrágico é óbito";

b) nada mais se discute, sobretudo em relação ao tempo estimado do óbito;

c) assim, fica prejudicada a análise por parte dos operadores do Direito quanto à inclusão ou exclusão de um acusado no momento possível do alegado crime;

d) e quanto à mudança de posição do cadáver? Como ficaríamos sabendo se o mesmo foi ou não mudado de posição caso alguém tentasse fazer um crime de homicídio ser confundido com suicídio?

e) caso faltem provas testemunhais ou elas não sejam consistentes, haverá por certo prejuízo decorrente desta discussão exageradamente sumária;

CAPÍTULO 14
LAUDO DE EXAME CADAVÉRICO: UMA LEITURA ANALÍTICO-CRÍTICA | 171

8 – A conclusão do laudo inicia-se nesta mesma página de número 30 ao rodapé (apenas o título da seção), encontrando-se descrita na folha seguinte (de número 31 ao rodapé). Ali se encontra que:

a) ocorreu "óbito em xx/xx/200x por anemia aguda";

b) só que anemia aguda não reflete a realidade dos fatos;

c) qualquer condição capaz de diminuir a quantidade de hemácias (glóbulos vermelhos do sangue) ou tão somente seu volume de hemoglobina (em que se encontra o ferro sanguíneo) ou, até mesmo a ocorrência de formas anômalas destes glóbulos, seria capaz de provocar uma anemia e, em alguns casos, também mortal;

d) assim, o correto seria a manutenção do diagnóstico de causa de morte exposto na discussão do laudo: "choque hemorrágico seguido de óbito";

e) mas, e quanto aos demais aspectos do exame pericial? Nada se falará acerca da análise de Cronotanatognose? E sobre uma possível mudança de posição do cadáver?

9 – Relativo às respostas aos quesitos, e ainda na mesma página acima citada, temos que:

a) afirma-se o fato de que tenha ocorrido a morte;

b) afirma-se, mesmo que não seja o ideal, que a causa da morte tenha sido por anemia aguda;

c) que o objeto que produziu a lesão causadora da morte tenha sido do tipo pérfuro-cortante;

d) e que não tenha havido nenhum emprego de veneno, fogo, explosivo, asfixia, tortura ou outro meio insidioso ou cruel;

e) porém, como saber se este quarto quesito está devidamente respondido se, na parte de descrição do exame externo nada se verificou como lesão em membros superiores nem inferiores?

f) melhor explicando: como não pensar em alguma condição que tivesse tirado da vítima sua capacidade de defesa se não temos nenhum relato de lesão de defesa em braços, mãos, pernas ou pés?

g) era de se esperar que, ao ser atacada, a vítima tentasse se defender valendo-se do ato de tentar segurar o instrumento que a tenha ferido mortalmente;

h) esta vítima teria sido impedida de se defender de alguma forma?

MEDICINA LEGAL
LEONARDO MENDES CARDOSO

i) por que se solicitou exame de dosagem alcoólica e toxicológica? Poderia ela estar "fora de combate" por ter consumido álcool ou alguma outra droga psicotrópica?

j) a vítima estaria embriagada ou alienada mentalmente pelo uso de alguma substância que a tenha dopado?

k) o fato é que a discussão e a conclusão não nos permitem ter a exata noção da dinâmica dos fatos;

10 – Na página de número 32 ao seu rodapé temos o croqui do corpo humano em vista frontal. Nela encontram-se:

a) ausência de identificação da vítima e demais dados pertinentes ao laudo em questão;

b) anotação de ferida perfurocortante em região de número 12 esquerda, correspondente à região supraclavicular esquerda;

c) tal região apontada, como já dita anteriormente, é relativa à parte superior do hemitórax esquerdo e não ao pescoço.

Assim, pensamos ter esgotado nossas análises e partimos para uma discussão mais objetiva dos fatos expostos no laudo em questão.

6. ACERCA DAS QUESITAÇÕES

Para os operadores do Direito, além de uma leitura atenta e minuciosa de um laudo, a quesitação é uma das partes mais importantes. É por meio deste conjunto de perguntas que o advogado, por exemplo, vai buscar subsídios para a sua linha de defesa. Assim, todos os pontos obscuros do laudo deverão ser iluminados pela ciência médico-legal.

Lógico, cada advogado deverá perceber quais são os pontos duvidosos e/ou não esclarecidos e buscar a sua clara demonstração, embora determinados dados, vindo à luz, possam simplesmente destruir uma linha de pensamento e de estratégia que tenha sido previamente criada. Cabe ao advogado optar por instigar o legista a tocar nesses pontos ou não.

Repetir perguntas já feitas pode não ser uma ideia que traga benefícios, uma vez que apenas dará mais trabalho ao legista e sem que o resultado acrescente qualquer tipo de informação que já não tenha sido dada. Isto apenas será um fator de irritação para o perito que poderá julgar que o advogado não tenha lido os autos processuais ou que apenas o está querendo testar. Seria como se o advogado repetisse

CAPÍTULO 14
LAUDO DE EXAME CADAVÉRICO: UMA LEITURA ANALÍTICO-CRÍTICA | **173**

a pergunta para pegar o legista numa contradição que o permitisse impugnar o laudo.

As quesitações devem ser claras, objetivas e concisas. Rodeios e rebuscamentos apenas impedem uma perfeita interpretação dos fatos e acabam por induzir a respostas também confusas ou inócuas no contexto processual.

Imaginemos um caso onde um corpo tenha sido encontrado boiando numa piscina. Digamos que ele tenha sido vítima de uma lesão por projétil de arma de fogo (PAF) e que já esteja morto. Se tomarmos apenas o laudo oficial como base para nossas análises, já sabemos que ele contemplará os seguintes dados:

1 – Houve morte?

2 – Qual a causa da morte?

3 – Que instrumento ou meio produziu a morte?

4 – Houve emprego de veneno, fogo, explosivo, asfixia, tortura ou outro meio insidioso ou cruel?

Como o laudo só será analisado por um assistente técnico após sua realização pelos peritos oficiais, por vezes muitas informações deixaram de ser obtidas e/ou não foram contempladas por este laudo oficial primário. Vejamos:

a) a vítima foi ferida pelo PAF, morreu e caiu dentro da piscina já morta?

b) ou foi atingida pelo PAF, caiu dentro da piscina e morreu lá dentro?

c) caso tenha morrido dentro da piscina, morreu pela lesão produzida pelo PAF ou por afogamento?

d) caso tenha morrido por afogamento, afogou-se porque não sabia nadar?

e) morreu afogada porque a lesão pelo PAF tirou-lhe a consciência impedindo-a de nadar?

f) morreu afogada porque, mesmo sabendo nadar, a lesão lhe tirou a capacidade de mobilidade corporal?

g) morreu afogada porque, mesmo sabendo nadar e não tendo sido letal a lesão pelo PAF, estava embriagada ou sob efeito de substância psicotrópica?

h) quando foi atingida pelo PAF já estava morta por outra causa?

i) caso positivo, que causa seria esta?

Este simples raciocínio de quesitação já nos oferece a relevante visão de que muito há por se buscar em termos periciais. Como sempre nos diz um médico amigo, "o diabo mora no detalhe!"

É sim um trabalho misto de ciência e de arte. Aqui prevalecerá o bem-pensar. Todas as possibilidades devem ser levantadas e a busca delas deve ser incansável e exaustiva. Afinal, de um laudo excelente deverá surgir, por consequência um excelente julgamento.

Cremos que não exista a perfeição e que ela seja utópica. No entanto, ser excelente é tentar buscar esta perfeição dentro dos limites possíveis, alcançando o melhor que pudermos por meio de todos os esforços e recursos disponíveis. Portanto, em termos periciais o padrão esperado deve ser sempre o da excelência.

E neste nosso caso concreto em discussão? Que quesitos poderiam ser elaborados para que fossem esclarecidos seus pontos obscuros? Ficará, assim, sugerida uma tarefa extremamente útil como exercício prático para realização pelo caro leitor desta obra.

Para aqueles que se permitirem tal atividade, fica a possibilidade de enviarem os quesitos formulados para que este autor possa analisá-los, criticá-los, bem como sugerir correções porventura necessárias. Basta que as enviem para o endereço eletrônico mscleomc@gmail.com que com certeza, responderemos em breve tempo a todos os contatos que recebermos.

Não existe um número limite para os quesitos complementares. Cada caso deverá ser analisado em particular e a quesitação terá o tamanho da necessidade de cada um deles. Como dica, podemos sugerir:

1 – Evite usar termos com os quais não seja familiarizado.

2 – Evite rebuscamentos literários, os quais apenas confundem a compreensão do que se quer.

3 – Evite repetições de perguntas, mesmo que com uma redação modificada.

4 – Antes de quesitar, procure inteirar-se totalmente dos dados constantes dos autos processuais e, sobretudo com o laudo pericial oficial.

5 – Pergunte principalmente no sentido de estabelecer um nexo entre dano e causa.

CAPÍTULO 14
LAUDO DE EXAME CADAVÉRICO: UMA LEITURA ANALÍTICO-CRÍTICA | **175**

6 – Tente, com a sua quesitação complementar, buscar a elucidação da autoria do fato delituoso, sempre que possível.

7 – Busque saber se existem outros quesitos complementares (do Ministério Público, por exemplo), quais são e, busque não repeti-los, uma vez que já foram elaborados.

8 – Quesite no sentido de criar uma linha de raciocínio da defesa que você deverá seguir.

9 – Tente contrapor ou mesmo derrubar a linha de raciocínio criada pela parte antagonista à sua.

Certa feita, um advogado criminalista que como eu também leciona numa faculdade de Direito, contou-me um fato que retrata muito bem o que acabo de expor. Um rapaz estava sendo acusado de ter atirado numa pessoa em uma praça pública. Era noite e a praça estava lotada de gente.

Numa audiência estavam uma juíza, uma promotora, este professor -advogado e uma testemunha de acusação. Indagada pela juíza se havia presenciado o fato, a testemunha – uma senhora humilde com cerca de 70 anos de idade – afirmou que havia visto o acusado atirar na vítima com uma escopeta. Mais ainda, que como testemunha estava do outro lado da praça quando presenciou o fato, a uns 80 metros de distância daquele evento.

O advogado, com a calma que lhe é peculiar e com muita argúcia e rápido raciocínio, indagou à testemunha se ela já havia participado de algum curso específico em armas de fogo. A resposta foi negativa. Perguntou-lhe ainda se ela possuía alguma arma em sua casa ou no seu contato diário. A resposta foi igualmente negativa.

Com estas informações, o advogado passou a pressionar um pouco mais a testemunha, perguntando-lhe se ela já havia tido contato com uma escopeta, obtendo uma negativa como resposta. Acrescentou ele, se a testemunha, não tendo conhecimento de armamentos e nem conhecendo uma escopeta, como sabia que aquela arma – vista à noite, entre inúmeras pessoas e à distância – era uma escopeta?

Como resposta para a pergunta formulada, o advogado obteve um longo silêncio. Então, atacou: a testemunha sabe que aquela era uma escopeta, viu o acusado atirar na vítima ou apenas ouviu falar do acontecido? A testemunha respondeu de pronto: alguém me falou isso! Ele interrogou: quem? Ela simplesmente, apontando para a promotora, disse: foi ela!

MEDICINA LEGAL
LEONARDO MENDES CARDOSO

A promotora, indignada voltou-se para a testemunha e lhe perguntou: Dona Maria, quando eu lhe disse isso? Ontem, lá no seu escritório, foi a resposta da testemunha. Mas, sobre o que nós conversamos? – Tentou aliviar a situação, a promotora. Sobre tudo isto, foi a resposta da testemunha. Daí por diante podemos imaginar como o caso tenha se desenrolado.

Mesmo que tais questionamentos não tenham sido formulados por escrito, não deixam de ser uma espécie de quesitos esclarecedores e que demonstram a necessidade desta contraposição entre as partes em disputa. Vali-me deste exemplo para bem demonstrar que a inteligência, a rapidez de raciocínio e uma linha de defesa bem planejada é a base para o sucesso.

Vale também lembrar que nem sempre o raciocínio mais complexo é o que alcançará o êxito. Por vezes, ideias simples – não simplistas nem simplórias – tornam-se muito mais eficazes na obtenção de um resultado satisfatório. É preciso estar atento a todas as possibilidades.

7. DISCUSSÃO DOS ACHADOS NA ANÁLISE DO LAUDO

Um laudo pericial, médico ou de qualquer outra natureza, deve ter por princípio a sua utilização na elucidação de algum caso de repercussão jurídica. No nosso caso, estamos diante de um laudo pericial médico-legal que atende à esfera criminal.

Se a vida tem para o médico o extremo valor que possui, para os operadores do Direito Penal deverá merecer igual importância, uma vez que a liberdade do indivíduo é, pode-se dizer, a razão de sua própria vida. Lembremo-nos de um caso recente em que um senhor norte-americano, condenado a 75 anos de prisão, só teve sua inocência provada após 30 anos de cumprimento da pena.

Foi-se embora sua juventude, sua fé, os diversos momentos juntos com sua família, com seus amigos, sua credibilidade, seu emprego, seu patrimônio... Deixou ele de ver nascerem e crescerem muitos de seus parentes. Deixou de amar e ser amado da forma a que tinha direito, enfim, perdeu praticamente sua vida.

Foi indenizado com três milhões e quinhentos mil dólares. Quem de nós venderia trinta anos de nossas vidas por esse preço? Que garantias ele

CAPÍTULO 14
LAUDO DE EXAME CADAVÉRICO: UMA LEITURA ANALÍTICO-CRÍTICA | 177

tinha de que em algum dia de sua vida, mesmo que tardiamente, seria libertado?

Portanto, um erro jurídico é fato impagável. Pior ainda quando um laudo conduz a um julgamento equivocado. Talvez não tenha sido esse o caso do laudo em questão, mas quantos outros casos de laudos mal-elaborados existem e que tenham comprometido de forma grave a elucidação de um caso?

Mesmo que este laudo não tenha redundado em uma sentença injusta para alguém, podemos com total certeza dizer que, por ser tão fortemente eivado de vícios, é um laudo imprestável. A sua impugnação seria facilmente conseguida caso fosse analisado da forma como o fizemos.

Vejamos: fere os princípios legais expostos no Código de Processo Penal por ser incompleto, por não ser minucioso e por deixar de responder adequadamente aos quesitos oficialmente propostos.

Deixa de anotar os motivos pelos quais se optou pela necrópsia antes do prazo legalmente determinado. Não corresponde à verdade dos fatos, demonstrando até mesmo um despreparo técnico por parte dos legistas executores da perícia, chegando os mesmos a localizarem a lesão em parte diversa daquela em que realmente foi produzida.

Omitem os peritos dados ou os anotam de maneira equivocada, prejudicando a estimativa do tempo de óbito e a dinâmica dos fatos. Tal acontece ao não quantificarem a rigidez cadavérica, o esfriamento cadavérico, o volume sanguíneo que compõe o derrame de sangue na cavidade do tórax e do pericárdio.

Não deixam claro se houve ou não lesões de defesa e se a vítima tinha capacidade de ter reagido ao ataque. Se analisarmos friamente todo o laudo, como confiar que os legistas tivessem mesmo avaliado minuciosamente todo o corpo da vítima? Mais fácil acreditar que só examinaram o local da ferida e o conteúdo torácico.

Mesmo que tenham sido bastante criteriosos na realização da perícia, as falhas graves do preenchimento do laudo colocam a credibilidade de ambos os peritos e do documento final em xeque.

Até mesmo o diagnóstico de morte pode ser causador de confusão. Choque hemorrágico é situação bem mais compreensível e que nos dá melhor e real interpretação do fato do que o uso da expressão "anemia aguda". Um paciente com anemia falciforme pode falecer em decorrência de uma anemia aguda, por exemplo. Mas, ali o fato é outro, trata-se de uma lesão provocando uma hemorragia profusa, que culmina com o óbito de uma vítima.

Parece preciosismo de nossa parte essa análise tão firme e profunda, mas os erros existem e estão dispostos nos documentos que estamos comentando. E são essas inadequações que podem fazer com que o resultado de um julgamento seja totalmente contrário à verdade dos fatos.

Eis aí o motivo de sermos tão criteriosos em nossas análises.

8. CONCLUSÃO

Em nossa análise de um caso concreto pudemos ver que, mesmo em tão poucas folhas que compõem os documentos apresentados para nossa leitura e interpretação analítico-crítica, existem inúmeras falhas, equívocos e erros que acabam por comprometer a credibilidade do laudo apreciado.

Vimos, também, que houve flagrante desrespeito às determinações legais e éticas naquilo que pertine ao campo da análise pericial. Tal fato, em conjunto com os demais defeitos na elaboração, coloca o resultado final como imprestável. No entanto, tal laudo eivado de vícios e repleto de contaminações de nulidade poderá passar despercebido pelos advogados de defesa, por membros da Defensoria Pública, por membros do Ministério Público e pelos Magistrados, levando-se em conta que ainda não temos a disciplina de Medicina Legal como matéria obrigatória da grade curricular do Direito no Brasil.

Acabamos por desconhecer ou por negligenciar os aspectos ligados às responsabilidades civil, penal, administrativa e ética dos peritos. Um laudo como o que foi analisado nessa obra é uma demonstração do despreparo de alguns legistas ou até mesmo um descompromisso para com a função que exercem.

Todavia, não nos esqueçamos que, assim como existem bons e maus médicos, bons e maus advogados, bons e maus engenheiros etc., também existem os bons e os maus legistas. Ou seja, em contraponto encontraremos inúmeros legistas competentes, minuciosos e comprometidos de alma com o cargo que exercem. Para estes, a Medicina Legal é verdadeiro sacerdócio e a estes devemos render nossas homenagens e nossos elogios.

Assim, para que os maus sejam alijados do meio dos bons, os operadores do Direito necessitam estar preparados para uma análise mais aprofundada dos laudos resultantes de nossas perícias. Mesmo a despeito de serem, em grande parte, hipossuficientes técnicos na área da saúde, uma adequada assistência técnica tende a promover uma melhor atuação jurídica neste sentido.

O juiz do caso já possui o perito oficial como seu assistente, uma vez que o legista tem esse *múnus publico*. No entanto, apesar de existir a possibilidade legal da contratação de um assistente técnico pericial, essa ainda não é uma realidade brasileira e poucos são os casos em que tais profissionais são contratados.

Cremos também que tal situação tenderá a ser resolvida – pelo menos em parte, uma vez que a perfeição é algo utópico – quando todos os institutos médico-legais de nosso país exigirem uma formação específica na área médico-legal quando da publicação de seus editais de concurso público para a contratação de legistas.

A exigência de conhecimentos específicos e jurídicos pertinentes à área criminal aliada à cobrança de um título de especialidade em Medicina Legal – provas e títulos – seria o esperado como princípio para a correção de uma situação de longa data indesejável.

Resta-nos esperar que, com a fusão da Associação Brasileira de Medicina Legal com a Sociedade Brasileira de Perícias Médicas e o reconhecimento de uma nova especialidade – Medicina Legal e Perícias Médicas – por parte do Conselho Federal de Medicina, tais problemas sejam resolvidos e que, assim, ganhe todos os cidadãos brasileiros com o exercício de uma Medicina Legal mais comprometida e eficaz em suas ações.

Capítulo 15

COMENTÁRIOS E CONSIDERAÇÕES FINAIS

Com o passar do tempo e o uso efetivo desta obra em sala de aula, pudemos perceber suas falhas e as novas necessidades do alunado em relação às informações nela contidas. Trata-se de um livro de Medicina Legal aplicado ao acadêmico de Direito, visando servir-lhe de guia de estudo e facilitando-lhe a assistência às aulas, uma vez que o mesmo o dispensa de copiar textos prescritos na lousa. Assim, acompanhando as explanações, o aluno terá mais condições para o debate e para inquirições que se façam necessárias.

Ao revisarmos, atualizarmos e ampliarmos estes escritos para a composição da 4ª edição, tomamos o cuidado de corrigir algumas pequenas imperfeições que tinham passado na confecção das anteriores. Mais ainda, como pudemos trabalhar com a obra inicial durante certo período de tempo, pudemos também acrescentar dados importantes e que nos tinham escapado à percepção. Assim, esperamos que esta nova impressão tenha melhor resultado que a anterior. Isso não implica, porém, que seja uma obra já acabada, até mesmo por que o Direito e a Medicina caminham a passos largos rumo às novas aquisições no campo das ciências e outras reformulações existirão, impondo novas necessidades de revisão, atualização e ampliação dos conteúdos expostos em nosso trabalho.

Por solicitação de nossos alunos, incluímos nesta reedição alguns esquemas e desenhos ilustrativos com a finalidade de melhor promover a compreensão de quem venha a ela ter acesso. São ilustrações bem simples, no entanto, visando tão somente um estímulo à imaginação daquilo que pretendemos repassar no plano teórico.

Reforçamos que, em seus momentos de estudo, o leitor interessado neste ramo deverá buscar o auxílio de outras obras para que possa melhor compreender termos e explanações que, a princípio, possam lhe parecer mais complexos. Para tanto, disponibilizamos uma considerável lista para consulta literária ao final deste livro. Assim, mesmo que sabidamente não tenhamos esgotado os temas, encerramos este trabalho na esperança de que ele possa contribuir para a formação tecnicocientífica de todos aqueles que se propuserem a estudá-lo.

Para os já graduados na área do Direito, bem como para os acadêmicos ou graduados nas áreas da Saúde e que se interessem por tal leitura, também esta obra se fará valer como recurso didático.

Capítulo 16

EXERCÍCIOS PROPOSTOS PARA FIXAÇÃO DE CONTEÚDO

Nesta parte do livro faremos a proposição de alguns casos fictícios para que sejam analisados e, conforme a discussão sugerida, respondidos com base nos ensinamentos contidos nesta obra, bem como nas literaturas mais clássicas, a exemplo das de Genival Veloso de França, Jorge Paulete Vanrel e Hygino de Carvalho Hercules. Aqueles que se dispuserem a resolver as questões propostas poderão enviá-las eletronicamente ao autor para mscleomc@gmail.com, e em breve tempo, receberá uma devolutiva com a correção pertinente. Vejamos:

CASO 1

Álvaro estava muito tenso por causa do desaparecimento de seu filho de apenas 6 anos de idade. A última vez que o haviam visto fora na escola, no fim da tarde anterior. Algo de terrível parecia ter acontecido.

De repente, Álvaro recebeu um telefonema do Capitão Carlos avisando que haviam encontrado a criança abandonada em um lote baldio e que, apesar de muito assustada, ela estava viva. Segundo parecia, ela havia sido abusada sexualmente.

Depois de se encontrarem na delegacia para os trâmites legais de praxe, o menino necessitava passar por um exame de corpo de delito para que se averiguassem possíveis lesões e demais indícios de violência contra ele. A partir daí iniciou-se uma *via crucis* que pareceu interminável para Álvaro, pois moravam numa cidade que não possuía IML.

Acerca do caso posto, discutir:

1 – O que é o IML e qual é a sua subordinação?

MEDICINA LEGAL
LEONARDO MENDES CARDOSO

2 – Qual é a melhor opção de subordinação: Superintendência de Polícia Tecnicocientífica (SPTC) ou Polícia Civil? Por quê?

3 – Que tipos de casos são encaminhados para o IML?

4 – O que fazer em localidades sem IML?

5 – Quem pode ser perito médico-legal?

6 – O que diz o Código de Processo Penal (CPP) acerca da atuação pericial?

7 – Em casos de morte: Instituto Médico Legal (IML) ou Serviço de Verificação de Óbitos (SVO)?

8 – O que é legalmente um ato pericial?

9 – Que tipos de perícias existem em relação à área médica?

10 – O que é um corpo de delito?

11 – Por fim, o que é a Medicina Legal?

CASO 2

Joca havia dado entrada no IML ainda naquela tarde, por volta das 13 horas. Segundo constava do Boletim de Ocorrência (BO), a morte havia ocorrido às 11h32min. A morte ocorreu quando ele estava internado no Hospital das Clínicas, depois de ter passado 4 meses em tratamento por causa de um ferimento por projétil de arma de fogo, o qual foi disparado acidentalmente por um primo seu. A autopsia foi realizada a partir das 14 horas daquela mesma tarde.

Acerca do caso posto, discutir:

1 – Por ter morrido sob cuidados médicos, Joca deveria ter sua Declaração de Óbito (DO) expedida por quem? Em vez do IML, não seria melhor que o corpo fosse encaminhado para o SVO?

2 – O que diz o CPP acerca do tempo necessário para a realização da autópsia?

3 – Como é feita a identificação (de vivos ou mortos) num processo legal envolvendo o IML e demais institutos ligados à Superintendência de Polícia Tecnicocientífica?

4 – Quais são os métodos empregados na identificação e qual a importância prática de cada um?

CAPÍTULO 16
EXERCÍCIOS PROPOSTOS PARA FIXAÇÃO DE CONTEÚDO | 185

5 – Que critérios devem ser adotados em relação às identificações?

6 – O que é reconhecimento e qual seu valor na prática pericial?

CASO 3

Jéssica caiu do terceiro andar de um prédio em construção. O mesmo estava desocupado e abandonado desde há algum tempo. Tudo indicava que a jovem havia cometido suicídio. Em seu corpo encontraram lesões corporais externas (contusas e cortocontusas) e internas (fraturas ósseas e ruptura de fígado e baço).

Acerca do caso posto, discutir:

1 – O que são traumas?

2 – O que são lesões?

3 – O que é um trauma de natureza mecânica?

4 – Que tipos de traumas de natureza mecânica existem?

5 – O que são instrumentos vulnerantes (lesivos)?

6 – Como são classificadas as lesões?

7 – Quais são os tipos básicos de lesões e as características de cada um?

8 – Como interpretar o art. 129 do Código Penal?

CASO 4

Ana chegou ao hospital com sudorese profusa, alterações visuais, salivação, dores abdominais e vômitos. Além disso, encontrava-se com confusão mental. O marido dela disse que ela havia comido algo que a deve ter intoxicado, pois almoçaram fora naquele dia. Porém, os exames toxicológicos demonstraram a presença de organofosforado em seu sangue.

Acerca do caso posto, discutir:

1 – O que são traumas de natureza química?

2 – Quais são as diferenças básicas entre: venenos, medicamentos e cáusticos?

3 – Acerca de venenos e medicamentos, o que é intervalo de segurança?

4 – Acerca dos cáusticos, que tipos de substâncias se enquadram nesta classificação?

5 – O que é vitriolagem?

CASO 5

Manoel estava trabalhando na fazenda de seu patrão, roçando o pasto em um dia nublado. Alexandre, o patrão, havia acabado de chegar à sua propriedade rural quando foi avisado de que Manoel havia sido encontrado morto no pasto, ao lado da foice. O corpo estava roxo e havia uma marca estranha no tórax dele, parecendo uma "folha de samambaia". Levado para o IML por determinação do delegado daquele distrito constatou-se que a causa da morte foi fulminação.

Acerca do caso posto, discutir:

1 – O que são traumas de natureza física?

2 – Que tipos de energia podem provocar este tipo de evento?

3 – Que diferenças existem entre: fulminação e fulguração, eletroplessão e eletrocussão?

4 – O que significam o Sinal de Lichtenberg e a marca elétrica de Jelinek? Cite as principais características de cada um.

5 – Que importâncias médico-periciais apresentam estes eventos?

CASO 6

João foi encontrado com a parte anterior do pescoço cortada. O sangramento havia sido abundante e a sua morte foi inevitável. Tudo indicava que havia sido provocada por uma linha de pipa com cerol, pois ele estava caído ao lado de sua moto sobre uma enorme poça de sangue e pequenos cacos de vidro moído podiam ser percebidos naquela lesão incisa. No mesmo dia, perto dali, uma moça foi soterrada por uma carga de soja durante o tombamento de um caminhão graneleiro sobre ela. Também este caso acabou em um fim trágico.

Acerca do caso posto, discutir:

1 – Que diferenças existem entre esgorjamento, degola e decapitação?

2 – Que tipos de asfixia existem?

3 – Quais as diferenças entre estes diversos tipos de asfixia?

4 – Que mecanismos de morte estão envolvidos nestes casos?

5 – Especificamente, quais as diferenças entre afogamento azul (verdadeiro) e afogamento branco (falso)?

6 – Quais as diferenças periciais entre estrangulamento, esganadura e enforcamento?

CASO 7

Davi levou um tiro à queima-roupa, atingindo-lhe a região abdominal. O projétil de arma de fogo provocou dois orifícios em seu corpo: um de entrada e outro de saída. Após alguns minutos ele não resistiu e faleceu, tendo sido encaminhado o corpo ao IML local.

Acerca do caso posto, discutir:

1 – Projétil ou projetil?

2 – O que é uma bala? Pode-se falar que uma pessoa foi vítima de lesão por bala?

3 – Que características existem em cada "distância de tiro" em relação às lesões deixadas pelo PAF?

4 – O que são trajeto e trajetória do PAF?

5 – Em que natureza de trauma este tipo de evento se enquadra?

6 – Que nome técnico pericial deve receber a lesão decorrente de tiro?

CASO 8

O corpo de Marta foi encontrado já em estado de putrefação. Havia em seu tronco uma nítida marca evidenciando Circulação Póstuma de Brouardel. Ao lado de seu corpo, outra vítima fatal estava caída ao solo. Havia evidentes sinais de rigidez e algidez cadavéricas, mas ainda não havia ocorrido a fixação dos livores cadavéricos.

Acerca do caso posto, discutir:

1 – O que é a Tanatologia Forense?

2 – Que tipos de sinais de certeza de morte podem ser verificados?

3 – Qual a importância dos sinais mediatos para os estudos de Cronotanatognose?

4 – Como se instalam estes sinais (mecanismos biológicos)?

5 – Por que a Cronotanatognose não pode ser considerada uma ciência exata?

6 – Quais são os fenômenos envolvidos nos processos de morte?

TABELA APROXIMADA DO CALENDÁRIO DA MORTE

1 h: livores no pescoço e coagulação sanguínea;

2 h: rigidez da mandíbula e nuca + esfriamento de pés, mãos e face;

3 h: livores bem visíveis e esfriamento perceptível de todo o corpo;

8 h: rigidez generalizada;

12 h: fixação dos livores;

14 a 24 h: dependendo da temperatura ambiente, surgimento da mancha verde;

15 a 24 h: temperatura igual à do ambiente;

24 h: opacificação da córnea (com olhos fechados);

3 dias: perda total da rigidez;

4 dias: mancha verde em todo o abdome e tórax;

8 dias: corpo todo tomado pela mancha verde e início da putrefação gasosa;

5 a 30 dias: flictenas + desprendimento da pele (fase coliquativa);

3 anos: esqueletização.

CASO 9

Chico de Assis era um jovem de 24 anos de idade. Ele nunca havia demonstrado nenhuma alteração comportamental. Porém, certo dia ele desapareceu e só foi encontrado pela família 3 meses depois, bem distante de sua casa, em outro estado brasileiro. Segundo ele passou a contar, a polícia queria pegá-lo e prendê-lo pelos crimes que ele havia praticado. Estava todo desasseado, com os dentes em péssimo estado de conservação e a pele toda picada por insetos, principalmente por carrapatos. Ele informou que andava pelas rodovias que ligavam Goiânia ao estado de Tocantins e que, quando via um carro, achava que era da polícia e que se o pegassem iriam prendê-lo. Por causa disto, embrenhava-se nas matas e passava dias escondido no meio da vegetação.

Acerca do caso posto, discutir:

1 – O que é uma psicose?

2 – Que tipos de psicose existem?

3 – Qual é o grau de imputabilidade de um psicótico?

4 – Seriam os psicóticos penalmente responsáveis?

5 – Acerca da capacidade civil, como são considerados os psicóticos?

6 – Sobre a esquizofrenia, que características demonstra e que tipos existem?

CASO 10

Thomas é um jovem funcionário de uma grande empresa do ramo imobiliário. Ele foi contratado como *office boy* aos 18 anos de idade, mas sua inteligência e capacidade de comunicação o fizeram ascender rapidamente naquela imobiliária. Ele tem facilidade para encantar as pessoas com as quais convive, mas acaba destruindo todos os que atravessam em seu caminho. Ele não mede esforços para galgar melhores postos, embora o faça de forma dissimulada. Quando algo de ruim acontece ele tem sempre uma desculpa convincente e a culpa acaba caindo em algum de seus colegas. Mesmo quando demonstra amabilidade e sentimentos mais nobres, o faz de forma superficial e com a intenção de usar as pessoas com as quais se relaciona.

Acerca do caso posto, discutir:

1 – O que são as psicopatias (Transtorno Antissocial da Personalidade)?

2 – Que tipos de psicopatias existem e quais são suas características?

3 – Qual é o grau de imputabilidade de um psicopata?

4 – Seriam os psicopatas penalmente responsáveis?

5 – Quando considerar alguém como sendo um *serial killer*?

6 – Quais são as bases destas perturbações da personalidade?

CASO 11

Antero foi acusado de ter estuprado o neto de sua companheira, com a qual vive há 3 anos. O garoto tem apenas 5 anos de idade e nega todo o fato. A mãe insiste na história e clama por justiça.

Ao exame de corpo de delito foram encontradas pequenas fissuras anais e nada mais. O menino não demonstra aflição, ansiedade nem medo com a aproximação de Antero.

Acerca do caso posto, discutir:

1 – Quando considerar os crimes contra a liberdade e dignidade sexuais?

2 – Que dados devem ser encontrados num exame de corpo de delito para que categoricamente se possa afirmar a ocorrência de um crime sexual?

3 – O que caracteriza uma perturbação da sexualidade?

4 – O que é uma perversão sexual?

5 – O que é um estupro segundo nosso ordenamento jurídico atual?

6 – O que configura o estupro de vulnerável?

7 – Ainda se podem considerar os crimes de ultraje público ao pudor, favorecimento da prostituição ou outra forma de exploração sexual de vulnerável, satisfação de lascívia mediante presença de criança ou adolescente, corrupção de menores, violação sexual mediante fraude e assédio sexual?

REFERÊNCIAS

CARDOSO, Leonardo Mendes. *Mediunidade de Incorporação*: delírio, manipulação ou realidade? Goiânia: R&F, 2003.

CARVALHO NETO, Algomiro; MUNIZ, Edivar da Costa. *Investigação de Paternidade e seus Efeitos*. Araras: Bestbook, 1992.

CROCE, Delton; CROCE JÚNIOR, Delton. *Manual de Medicina Legal*. São Paulo: Saraiva, 1998.

FRANÇA, Genival Veloso de. *Medicina Legal*. 9ª ed. Rio de Janeiro: Guanabara Koogan, 2011.

HERCULES, H. de C. *Medicina Legal* - Livro e Atlas. 2ª ed. Rio de Janeiro: Atheneu, 2014.

JESUS, Damásio E. de. *Crimes de Trânsito*: anotações à parte criminal do Código de Trânsito. São Paulo: Saraiva, 1998.

KAY, Jerald; TASMAN, Allan. *Psiquiatria*: ciência comportamental e fundamentos clínicos. Barueri: Manole, 2002.

MARTINS, Celso *et al*. *As Drogas e suas Consequências*. Belo Horizonte: Fonte Viva, 1999.

MORA, Francisco. *Continuum*: como funciona o cérebro? Porto Alegre: Artmed, 2002.

POSTERLI, Renato. *Aspectos da Psicopatologia Forense Aplicada*. Goiânia: Santa Inês, 1979.

POSTERLI, Renato. *Transtornos da Preferência Sexual*: aspectos clínico e forense. Belo Horizonte: Del Rey, 1996.

POSTERLI, Renato. *Tóxicos e Comportamento Delituoso*. Belo Horizonte: Del Rey, 1997.

POSTERLI, Renato. *Violência Urbana*: abordagem multifatorial da criminogênese. Belo Horizonte: Inédita, 2000.

POSTERLI, Renato. *Temas de Criminologia*. Belo Horizonte: Del Rey, 2001.

ROCHA, Armando Freitas da. *O Cérebro*: um breve relato de sua função. Jundiaí: CMYK, 1999.

VANRELL, Jorge Paulete. *Manual de Medicina Legal*: tanatologia. Leme: Editora de Direito, 2004.

VIEIRA, Duarte Nuno e QUINTERO, José Alvarez. *Aspectos práticos da avaliação do dano corporal em Direito Civil*. Coimbra: Biblioteca Seguros, 2008.

ZACHARIAS, M.; ZACHARIAS, E. *Dicionário de Medicina Legal*. Curitiba: Champagnat, 1991.

SITES

<http://www.infonet.com.br/faustoleite/ler.asp?id=3424&titulo=Fausto-Leite>. Acesso em: 10 set. 2005.

<http://www.advogado.adv.br/artigos/2004/vladimirbregafilho/reparacao.htm>. Acesso em: 11 set. 2005.